融资约束下研发投资对企业生产率的影响

基于研发异质性视角的机理研究

郭园园 / 著

The Effect of R&D Investment on Firm Productivity under Financing Constraints:

The Influence Mechanism based on the Perspective of R&D Heterogeneity

中国经济出版社
CHINA ECONOMIC PUBLISHING HOUSE
·北 京·

图书在版编目（CIP）数据

融资约束下研发投资对企业生产率的影响：基于研发异质性视角的机理研究/郭园园著．--北京：中国经济出版社，2020.10

ISBN 978-7-5136-6332-8

Ⅰ.①融… Ⅱ.①郭… Ⅲ.①企业-技术开发-投资-影响-劳动生产率-研究 Ⅳ.①F273.1

中国版本图书馆 CIP 数据核字（2020）第 174959 号

组稿编辑　崔姜薇
责任编辑　张　博
责任印制　马小宾
封面设计　任燕飞工作室

出版发行　中国经济出版社
印 刷 者　北京九州迅驰传媒文化有限公司
经 销 者　各地新华书店
开　　本　710mm×1000mm　1/16
印　　张　12.75
字　　数　102 千字
版　　次　2020 年 10 月第 1 版
印　　次　2020 年 10 月第 1 次
定　　价　68.00 元
广告经营许可证　京西工商广字第 8179 号

中国经济出版社　**网址** www.economyph.com　**社址** 北京市东城区安定门外大街 58 号　**邮编** 100011
本版图书如存在印装质量问题，请与本社销售中心联系调换（联系电话：010-57512564）

资助说明

本书获得的基金资助如下：

［1］国家自然科学基金青年项目：融资约束下研发投资结构对企业生产率的影响机理研究：基于研发异质性及企业家知识溢出机制（71804096）；

［2］教育部人文社会科学研究青年基金项目：融资约束下异质性研发投资对企业生产率的影响机理研究：企业家知识溢出理论视角（18YJC630044）；

［3］山东省社会科学规划研究项目·青年项目：供给侧结构性改革下全要素生产率提升的路径研究——基于研发资金配置视角（18DJJJ05）；

［4］山东工商学院博士科研启动金项目：供给侧结构性改革下全要素生产率提升的路径研究——基于山东省研发现状（BS201736）。

本书获得的平台支持：山东工商学院金融服务转型升级协同创新中心

前言

在中国宏观经济增长已经进入中高速轨道的“新常态”背景下，通过落实创新驱动发展战略，进而实现生产率长期持续性的增长，才能有效地加快产业转型升级，提升实体经济竞争力。要实现这一目标，不能仅仅简单地以增加研发投入或者促进战略性新兴产业投资为手段，还要关注创新投入的质量和效率。已有相关理论及实证研究主要关注研发投资总量对生产率提升和经济增长的促进作用，但没有基于研发投资异质性的视角，通过考虑不同资金主体功能差异以及不同类型研发投资对生产率作用的互补性，来研究研发投资结构对企业生产率和经济增长可能产生的影响，本书将对此进行相应的补充研究。

首先，本书将研发投资划分为研究型投资与试验开发型投资，深入融资特性和对生产率作用机制两个层面，对研发投资异质性的内涵进行界定和揭示，并将这种异质性纳入熊彼特增长模型的理论框架，用数理模型来阐释融资约束下异质性研发投资对企业生产率的影响机理。在阿洪等（Aghion et al.，2005，2010）模型基础上，本书一方面在其中加入短期投资的流动性冲击问题，并考虑了两种研发投资融资特性的差异，通过求解和比较金融市场完全与不完全条件下，研究型投资与试验开发型投资边际技术替代率的变化和企业家在两种类型研发投资间的资金配置结果，来分析融资约束下不同外部资金渠道对企业两种类型研发投资比例产生的影响；另一方面借鉴凯姆特（Kemfert，1998）提出的嵌套固定替代弹性（CES）模型的做法，基于研究型投资活动与试验开发型投资活动对生产率作用机制的差异，将二者对企业生产率增长影响的互补性加入阿洪等（Aghion et al.，2005，2010）模型对企业生产率的设定中，通过求解两种类型研发投资及二者比例对企业生产率的一阶导数结果和二阶边际效应结果，并结合第一步融资约束对二者比例的影响结果，从而来研究融资约束下异质性研发投资对企业生产率的影响机理。通过数理模型的求解发现，金融发展水平较低导致的企业异质性研发投资比例变化会对企业生产率增长产生负向影响，且政府研发补贴的作用是否有效依赖于金融发展水平的高低。这一理论研究拓展了以研发投资作为技术进步和经济增长决定因素的熊彼特增长模型，弥补了该类模型主要考虑研发投资规模影响而忽略了因研发投资异质性引起的研发投资结构变化对经济增长影响的不足。

其次，基于中国金融发展现状，结合两种研发投资融资特性的差异和不同外部资金渠道在完整研发链条中对不同阶段资金配置的功能优势差异，通过归纳总结分析了中国企业异质性研发投资的融资约束问题，发现中国企业异质性研发投资的融资约束问题不是研发投资总量的绝对不足，而是金融功能发展不健全下内部研究型投资与试验开发型投资的相对失衡，然后，本书使用奥利—帕克斯（Olley-Pakes）方法测算了企业生产率，并利用广义倾向得分匹配方法构建了企业研发投资与生产率的广义倾向得分匹配模型，通过数据拟合得到中国企业研发投资对生产率影响的特征事实，并基于多个维度企业异质性研发投资的现状比较以及两种类型异质性研发投资对生产率作用机制的不同，从现象层面揭示中国企业研发投资与生产率有悖“常理”的关系事实的成因，认为主要原因是企业两种类型异质性研发投资比例失衡。结合这两点内容，从现象层面揭示了融资约束现实下异质性研发投资对企业生产率增长产生的影响以及影响的路径。这一研究考虑了研发投资的异质性以及其背后隐含的融资约束下外部资金渠道功能差异导致的两种类型异质性研发投资比例失衡问题，拓展了关于研发投资对企业生产率影响的相关研究，弥补了已有研究仅从直观层面解释中国研发投资与生产率关系悖论的不足。

最后，在实证分析中考虑了研发投资的异质性，采用两步分析法对理论模型阐释的影响机理进行了验证。第一步，使用面板回归模型验证了融资约束下不同外部资金渠道对企业异质性研发投资的影响效应，并使用倾向得分匹配方法消除选择性偏误和内生性问题、对影响结果进行了检验；第二步，使用广义倾向得分匹配方法分别构建了企业生产率与研究型投资的广义倾向得分匹配模型和企业生产率与试验开发型投资的广义倾向得分匹配模型，通过估计两种异质性研发投资与企业生产率的剂量反应函数和处理效应函数，测度了融资约束下异质性研发投资对企业生产率增长的影响特征，从而验证了融资约束导致的企业异质性研发投资比例的失衡对企业生产率增长产生的负向影响。这一实证研究将研发投资划分为研究型投资与试验开发型投资，拓展了融资约束、企业研发投资以及生产率的相关实证研究，弥补了已有相关研究中主要关注研发投资总量而忽略研发投资异质性的不足。本书的研究将为中国企业由单一关注研发投资规模到进一步优化研发投资结构提供理论基础，也将为政府制定有效的研发投资补贴政策和促进科技金融发展的政策提供理论支持。

CONTENTS

目 录

1

绪论

1.1 研究背景与意义

1.1.1 研究背景

在中国宏观经济增长已经进入中高速轨道的“新常态”背景下，通过落实创新驱动发展战略，创造经济新引擎、培育新的经济增长点，最终加快产业转型升级、提升实体经济竞争力是政策改革要达到的首要目标。要实现这一目标，不能仅仅简单地以增加研发投入或者促进战略性新兴产业投资为手段，还要关注创新投入的质量和效率。然而反观中国当前的研发投资现状和创新投资对技术进步和经济增长的贡献，我们发现两个现实问题值得思考：第一，中国研发投资规模庞大，但研发投资内部结构（即异质性研发投资比例）存在严重失衡，尤其是企业部门的失衡状况更加明显。最新的科技统计数据显示，2007~2013 年中国国内研发支出总额（Gross Domestic Expenditure on R&D，缩写为 GERD）以平均 14.3%的增长率高速增长，按购买力平价计算，2009 年的投资规模已达到 1852.67 亿美元（其中企业研发投资占比 70%以上），超过日本的 1369.54 亿美元，居世界第二位（美国为 4064.05 亿美元）。且中国的研发投资强度也保持着高速增长的态势，2013 年其研发投资强度已达到 2.02%，高于欧盟 28 国平均 1.92% 的投入强度，与美国（2.81%）、日本（3.49%）的投入强度也较为接近，已经达到中等发达国家的水平。其中，企业是中国研发经费投入的主体，研发投资占比已达到74.6%。但与中国巨大的研发投资规模不匹配的是，同一时期（2007~2013年）中国的研发投资内部结构异质性研发投资比例：存在严重失衡，即研发活动构成中研究活动投资占比偏低，尤其表现在企业层面。从国家总量占比看，研究活动投资占GERD比仅为16.3%（其中，基础研究占比为4.7%，应用研究占比为11.6%），远低于发达经济体的平均水平57.4%（其中，基础研究占比为22.8%，应用研究占比为34.6%）和新兴工业化经济体的平均水平43.6%（其中，基础研究占比为17.7%，应用研究占比为25.9%）。作为研发投资的主体，企业部门的研发投资内部结构异质性研发投资比例：失衡程度更高。其中，研究活动投资占企业总研发比仅为2.8%（其中，基础研究占比为0.1%，应用研究占比为2.7%），远低于发达经济体的平均水平39.5%（其中，基础研究占比为5.8%，应用研究占比为33.7%）和新兴工业化经济体的平均水平27.3%（其中，基础研究占比为6.2%，应用研究占比为21.1%）。且从同一工业化发展阶段来看，中国的总研发投资内部结构（即异质性研发投资比例）和企业研发投资内部结构（即异质性研发投资比例）与其他主要的工业化国家相比，仍然处于失衡状态。在同一工业化发展阶段，中国研究活动投资占GERD比为25%，低于其他主要工业化国家的平均水平44.8%；中国企业部门研究活动投资占企业总研发比仅为6.47%，也远低于其他主要工业化国家的平均水平26.7%。总体来看，中国研发投资规模庞大，但研发投资内部结构（即异质性研发投资比例）存在严重失衡，即研究活动投资占比偏低、试验开发活动投资占比偏高，尤其表现在企业部门，中国企业的创新更多地体现为技术效率改进，而非创造性破坏。第二，中国研发投资的效率和其对经济增长的贡献度偏低。中国企业研发投资对生产率的促进作用有限，通过增加研发投资促进生产率的增长进而达到技术进步的逻辑在其他国家普遍存在，但这一理论常识却在中国存在争议，表现在中国巨额研发投资对技术进步和经济增长的贡献度较低。赵志耘和杨朝峰（2011）通过对中国全要素生产率的测算发现，虽然改革开放以来研发经费投入增长迅速，但这些研发投入只是大大增加了中国的技术知识存量，并未有效地转化为全要素生产率的提高。哈弗勒和吉伯特（Ghafele & Gibert, 2012）研究发现中国企业缺少自有核心技术，一些关键技术仍然依赖于其他国家。

那么基于这样两个现实问题的背景，我们发现，巨额研发投资并不一定能够促进技术进步和生产率的提高，进而提升企业的自主创新能力，那么究竟是什么因素影响了由研发投资到提升生产率的转化过程？从不同研发投资异质性的视角进行思考，影响中国企业研发投资内部结构（即异质性研发投资比例）并制约中国研发投资产出效率的关键问题是什么？为什么会出现这样的问题？其中存在怎样的机理？这必须要深入到研发资金的源头——外部资金渠道及其功能，并与完整的研发资金链条挂钩来进行研究。

1.1.2 研究问题的提出

基于中国当前的研发投资现状以及研发投资的产出效率水平，我们应该思考：是什么原因阻碍了通过增加研发投资实现生产率增长、进而达到技术进步以及经济增长的渠道？如果把企业科技创新理解为从知识创新到创新知识孵化为新技术再到采用新技术、进入市场看成一个完整的研发过程，那么在资金配置上则表现为从研究活动（包括基础研究和应用研究）到试验开发活动的完整链条。结合不同阶段研发活动的异质性特征，从资金配置层面看，研究活动往往伴随着远离市场、较高不确定性、较低专用性和较高外部性的特征。相比而言，试验开发活动目标在于使产品商业化以满足市场需求，其离市场较近、风险较小、收益专用性较高（Czarnitzki et al., 2011），因此，前者面临的融资约束程度往往比后者面临的更高；从对生产率提升和技术进步的作用机制来看，研究活动虽然不能直接带来产出，甚至有一部分研究活动永远不可能带来产出，但是其可以从两个方面促进生产率的提高，一方面是其研究成果可以直接作为试验开发活动的投入，进而投入生产；另一方面研究活动能够更大程度地提升企业的吸收能力，从而有效识别内外部信息和知识，促进企业创新活动。试验开发活动是研发活动的最后一个环节，研究活动的成果必须经过试验开发活动才能转化为产品进入市场，从而最终实现生产率的提高，然而没有研究活动作为基础，试验开发活动就是无源之水、无本之木，短期的研究活动缺失似乎影响不到试验开发活动，但长期而言，试验开发活动对研究活动成果的消耗以及研究活动的缺失，必然会阻碍研发投资促进生产率提高的过程。因此，要回答以上疑问，我们一方面要从外部资金渠道入手，分析影响研发投资内部结构（即异质性研发投资比例）的原因，另一方面还要分析不同类型研发投资组成与生产率增长的关系，从而分析融资约束下外部资金渠道、异质性研发投资以及生产率增长之间的影响路径和机理。

基于现实背景和以上分析，我们提出本书要解决和深入研究的两个科学问题：第一，影响企业研发投资内部结构（即异质性研发投资比例）的原因是什么？不同研发资金配置主体行为在其中存在怎样的作用机理？如何测度不同外部资金渠道行为对企业研发投资的影响效应？熊彼特增长理论解释了研发投资总量对经济增长的影响，如何在熊彼特增长模型框架下，研究异质性研发投资对经济增长的影响，进而探讨影响研发投资内部结构（即异质性研发投资比例）的原因是什么，现有对中国研发投资内部结构（即异质性研发投资比例）的研究，虽然已经认识到中国研发投资内部结构（即异质性研发投资比例）失衡的问题，但没有从深层次挖掘造成这种现状的原因，且已有研究将企业研发投资看作一个整体进行研究，但他们没有将“研究活动（包括基础研究和应用研究）—试验开发”整个研发过程看成是一个完整的资金配置链条，从而考虑不同研发阶段投资的异质性特点；他们也没有关注不同研发资金配置主体的目标不同、功能不同，对企业研发投资的风险甄别能力和容忍度不同，在研发投资不同阶段各有其自身的优势；另外，国内外目前对研究阶段投入影响因素的研究，虽在一定程度上解释了多年来中国研究活动投资占比偏低的状况，但这些研究中所涉及企业微观层面的研究多是以国外某行业的企业作为样本进行，对中国现状不具有普遍解释意义，因此有必要从中国现实出发，从研发资金配置主体视角研究企业研究活动投资偏低、研发投资内部结构（即异质性研发投资比例）失衡的内在机理。第二，在研发投资内部结构（即异质性研发投资比例）失衡的现状下，研发投资与生产率增长之间存在怎样的关系？如何解释中国研发投资低效的问题？如何测度异质性研发投资对生产率增长的影响效果？现有对研发投资与生产率增长关系的研究，大多是基于内生增长理论展开，认为研发活动是促进生产率提升和经济增长的主要动力；而以理论模型为基础对研发投资与生产率关系所做的实证研究，主要是关注研发投资的生产率弹性大小，实证结果基本都证明了研发投资与生产率增长之间存在必然的正向关联；此外，部分研究关注了研发投资的组成会影响研发投资促进生产率增长的速度，其中研究活动对生产率增长的重要性显然高于试验开发活动，研究活动的过低投资将会导致生产率增速的下降。虽然已有研究已经考虑到研发活动异质性以及研发投资的组成对研发—生产率关系的影响，但是这些研究仅局限于两者间的关系，且只是定性分析，并没有深入分析内在的机理，也没有准确测度不同类型研发活动与生产率增长之间的关系。基于此，我们提出本书的研究主题：基于融资约束视角下异质性研发投资对企业生产率的影响机理，本书将通过对熊彼特增长模型的修正，分析融资约束下外部资金渠道、异质性研发投资以及生产率增长之间的影响路径和机理，并通过实证分析来证明数理模型假说，从而解决以上两个科学问题。

1.1.3 研究目的及意义

熊彼特增长理论（又称新增长理论），将经济增长的源泉和动力由外生转化为内生，认为研发投入量和创新速度是由经济参与人的最优化行为内生决定的，从而在理论上说明了知识积累和技术进步是经济增长的决定因素，并对技术进步的实现机制做了详细地分析，填补了原有经济理论的空白；该理论同时也为经济的持续增长找到了新的源泉和动力，即通过增加研发投资促进技术进步，进而促进经济增长；其对制定经济政策也产生了重大影响，强调了市场力量的不足以及政府干预的关键在于促进研发投资和技术进步。这一理论虽然解释了多数国家（主要为发达国家）的经济增长事实，证实了研发投资与技术进步以及经济增长之间的正向关联，通过增加研发投资促进生产率的增长进而达到技术进步的逻辑在其他国家普遍存在，然而这一理论常识却在中国存在争议，表现在中国巨额研发投资对技术进步和经济增长的贡献度较低。

基于此，我们将从当前中国的研发投资现状入手，以不同类型研发投资活动的异质性特征为视角，通过修正熊彼特增长模型，从经济参与人的最优化行为来研究和分析影响异质性研发投资组成的根本原因和影响机理，并根据经济参与人最优化行为对异质性研发投资组成影响的结果，来分析其最终对生产率增长、技术进步以及经济增长的影响。本书研究的理论价值在于：一方面，从外部资金渠道入手，结合不同类型研发投资活动的异质性特征，通过构建数理模型，分析融资约束下外部资金渠道功能对不同类型研发投资的作用机理，并实际测度融资约束下外部资金渠道行为对不同类型研发投资的影响效应，揭示研发投资内部结构（即异质性研发投资比例）失衡的内在根源，这将为理解中国企业研发投资内部结构（即异质性研发投资比例）失衡提供理论基础；另一方面，根据不同类型研发投资活动的异质性特征，将二者的互补性对生产率增长的影响考虑在内，分析异质性研发投资对生产率增长的影响，通过数理模型的构建，揭示融资约束视角下异质性研发投资对生产率增长和技术进步的影响机理，并通过实验方法具体测度异质性研发投资对生产率的影响效果，从而阐释中国研发投资总额庞大而企业研发投资产出效率偏低的内在机理。本书研究的应用价值在于：通过对企业研发投资内部结构（即异质性研发投资比例）失衡的原因和内在机理的分析，并进一步阐释企业研发投资效率偏低的内在机理，揭示中国巨大研发投资规模背后产出效率低下、革命性技术缺失的内在根源，这将为中国改善企业研发投资内部结构（即异质性研发投资比例）、解决产业结构转型升级的瓶颈提供政策建议与决策依据。

1.2 基本概念界定

1.2.1 外部资金渠道

企业研发活动投资的主要资金来源包括企业自身资金、政府研发补贴以及来自金融市场的融资资金，虽然研发投资由于风险大、融资难的特点主要依赖于企业内部资金，但政府及金融市场两大外部资金渠道对企业研发投资也具有重要作用。一方面，由于研发活动周期长、风险大，研发投资的社会收益往往高于私人收益，政府通过对企业科技研发活动进行资助，可以有效降低企业在研发过程中所面临的风险和成本、矫正“市场失灵”、弥补社会收益率与私人收益率差异，因此，政府研发补贴对企业研发投资具有重要作用；另一方面，由于研发投资项目信息不对称性较强，研发投入资金量大且长期持续，面临随时可能发生的流动性风险冲击，企业获取稳定的融资来源也相当重要，此时，通过市场交易能及时汇聚资金、对市场风险能进行有效识别、监控并促成有效公司治理的金融体系就显得尤为重要，其不仅可以直接为企业研发投资融资，还可以减少企业研发投资的信息不对称性、提高企业创新成功的概率、缓解融资约束以促进企业研发投资（King & Levine，1993；Blackburn & Hung，1998；Levine，1991），因此，来自金融市场的资金对企业研发投资也具有重要作用。

1.2.1.1 政府研发补贴

政府对企业的研发补贴是指国家财政支出中用于科技活动的经费，是政府对企业的科技拨款，主要包括资助国家科技计划项目的经费、科研机构的事业费和用于科研基本建设的费用（解维敏等，2009）。它的主要投向是支持创新活动和基础性技术的科技服务活动，以及支持一定的科技成果转化和产业化开始阶段的启动资金，包括风险资金和创业资金的基本补贴等（解维敏等，2009）。政府对企业研发活动进行资助的主要手段包括：对从事研发活动的主体（企业）提供税收优惠，或向企业提供研发补贴。其中，政府向企业提供的研发补贴是比较常见的形式，且可能对企业研发投资产生刺激或挤出效应的主要是政府向企业提供的研发补贴，政府研发补贴对企业研发投资的作用研究一直以来在国内外都备受关注，因此，本书重点研究政府研发补贴的相关内容。

1.2.1.2 金融部门资金

金融部门资金是指企业从金融体系获得的融资资金。研发投资需要一定时间内持续地稳定投入，商业周期导致的利润波动使得仅靠内源资金和有限的政府研发补贴不足以满足企业研发投资的需要。研发项目的特殊性决定了金融市场发展对于促进企业研发投资的作用非常重要。金融部门资金融通的功能使得金融市场能为资金需求方提供资金，企业可以从金融市场为自身研发项目进行融资。然而，金融市场的功能不仅仅在于资金融通，更在于减少信息收集成本和对投资项目提供更好的评估、选择和监督，进而优化资源配置（Greenwood & Jovanovic，1990）。吉勒斯（Gilles，1992）指出企业研发创新的不确定性使企业暴露在风险中，然而，发达的金融市场能够通过多元化经营对风险进行跨期分散。因此，金融市场的发展程度，在一定程度上会影响企业研发创新的积极性。

根据金融体系内部不同的融资类别，又可以将金融部门资金的融资渠道分为两类：债权融资和股权融资。债权融资是企业的有偿借贷行为，企业需要为借贷资金支付利息，且在借贷期限到期后还本付息，其特点决定了这种资金渠道主要用于企业短期内资金短缺问题的解决；股权融资是企业的原有股东通过出让企业部分所有权、增加股本的形式为企业获取融资的方式，通过这种形式获取的资金不需要还本付息，但是新股东可以与原有股东一样获取企业分红。

1.2.2 研发投资类别的划分

经济合作与发展组织（OECD）将研发活动划分为三种类型：基础研究、应用研究以及试验开发。前两种类型活动组成了研究与开发活动中的研究活动部分，最后一种类型构成了研究与开发活动中的试验开发活动部分。根据国际定义，基础研究是以认识现象并获取关于现象和事实的基本原理和知识为目的的实验或理论研究活动，其被认为是不考虑实际应用的，或者虽然确知其应用前景但并不知道达到应用目标的具体方法和技术途径；应用研究主要为在实践中有目的地利用自然界的规律开辟各种可能的路径，为解决实际问题提供科学依据，虽然也是为了获取知识的研究活动，但通常具有特定的应用目的；试验开发则是利用研究活动获取的知识，通过系统性的工作开辟新的应用，即为获得新材料、新产品、新工艺、新系统、新服务以及对上述各项作实质性的改进（OECD，2002）。随着科学研究商业化的趋势日益明显，基础研究与应用研究之间的界限越来越模糊，尤其是对于企业而言，其研究活动多是以应用为目的的研究，基础研究占的比例相对较低。且如果要区分研发活动的异质性特征，相比于试验开发活动，基础研究与应用研究的特征更为类似。因此，本书将企业研发投资活动划分为研究活动与试验开发活动两种类型，其中研究活动包括基础研究和应用研究。如果将企业研发活动看作一个完整的链条，这两种类型研发活动分别属于研究阶段与试验开发阶段，企业科技创新要完成知识创新—创新知识孵化为新技术—采用新技术、进入市场的整个过程，就需要将研发活动从研究阶段延伸至试验开发阶段才能完成，可以说研究活动与试验开发活动对于生产率的提高和技术进步都相当重要。

1.2.3 企业生产率

生产率增长的概念研究最早可以追溯到阿布拉莫维茨（Abramovitz，1956）、索罗（Solow，1957）、格瑞里茨和乔根森（Griliches & Jorgenson，1966）等学者对全要素生产率（Total Factor Productivity，TFP）概念的研究。全要素生产率的概念研究之所以受到广泛关注，是因为其揭示了在要素投入（指资本投入和劳动投入）不断增加、要素投入的边际回报逐步递减，且在长期内要素投入的增加已经不能带来新的产出增加的情况下，长期内产出仍然能够增长的原因。全要素生产率在经济波动、经济增长以及国家间人均收入差异上均扮演着重要的角色（Comin，2010）。索罗（Solow，1956）认为一个经济体中人均收入的长期增长必然是由全要素生产率的增长驱动的。因此，全要素生产率的增长与长期增长可以说是同义的，其反映了经济增长的潜能。

对于全要素生产率增长的概念有多种解释，其中最基本的解释来自最早对全要素生产率的测量，即认为全要素生产率是用标准增长核算方法衡量的、不能被核算入要素投入增长所带来的产出增长中的其他剩余部分，也就是总产出中不能由要素投入所解释的“剩余”，它反映了生产率作为经济概念的本质。然而，基于标准增长核算方法测算的全要素生产率只是一个测量概念，并没有对决定生产率的因素进行定义。随着经济增长理论的发展和对全要素生产率概念研究的深入，全要素生产率的增长被解释为技术进步，其中包含朝向已知的生产边界不断移动的技术效率的改进，也包含通过研究、发明等活动增加知识储备、扩大原有生产边界的创造性活动。虽然严格来讲，全要素生产率不只包含技术进步所实现的对经济增长的贡献，还包含资源配置效率的提高（主要体现为经济体制的不断完善）和计量误差等随机因素。但大量研究表明全要素生产率的水平决定于投入在生产过程中被利用的有效程度，国家间全要素生产率的差异主要取决于国家间的技术水平差异以及使用技术的效率差异（Comin，2010），可以说，技术进步是生产率提升的主要驱动力。而以卢卡斯（Lucas，1988）、罗默（Romer，1990）、琼斯（Jones，1995a）以及杨（Young，1998）为代表的学者通过将技术进步内生化扩展了新古典增长模型，将知识创造的过程解释为内生的过程，这个过程依赖于人力资本的数量（Lucas，1988），也就是主要依赖于分配给研发活动的人力资本数量（Romer，1990；Jones，1995a；Young，1998）。正是基于内生增长理论，研发资本与生产率的关系研究受到广泛关注，通过增加研发资本达到技术进步，进而促进生产率提高和经济增长成为经济长期增长的重要理论基础。

1.3 文献综述

本书的相关文献梳理将从两个层面展开：一方面，本书将论述融资约束对企业研发投资影响的相关研究内容；另一方面，本书将论述研发投资对企业生产率影响的相关研究内容。

1.3.1 融资约束对企业研发投资的影响研究

这一层面的研究主要集中于两个层面：一方面是企业研发投资为什么存在融资约束；另一方面是缓解研发融资约束的途径。

首先，企业研发项目面临融资约束的根本原因在于研发投资的自身特点。研发投资不同于普通投资，体现在其高风险性和高转换成本，高风险性来自创新活动周期较长以及信息不确定导致的收益不确定性（Hall，2002），高转换成本是指创新活动一旦开始投入就需要持续性地投入，且其成本的50%以上属于研发的人力资本，中断将可能导致创新活动失败或者人才流失（Lach & Schankerman，1989；Hall & Lerner，2010）。这些特点决定了企业为研发项目获取融资资金时往往比一般项目面临更严重的融资约束。

其次，缓解融资约束途径的相关研究，这方面的研究内容较为丰富。第一是在宏观层面上通过金融发展缓解融资约束，以促进企业研发投资。国内外学者均研究发现通过完善金融体系功能机制的构建、适度推行金融体系的市场化改革、推动资本市场自由化、加强银行业的竞争性能够显著促进企业研发投资。弗里曼和泽特（Freeman & Soete，1997）在分析了许多企业创新成功的案例后，认为高效的研发支出必须有强大的金融支持体系为其融资。雷简（Rajan，1998）认为运行良好的金融体系能够减少企业获得外部融资的障碍，更加依赖外部融资的企业在金融发展中尤其受益，也因经济新兴产业的大发展而提高了增长率。亨利（Henry，2000）针对11个发展中国家的实证研究表明，金融发展可以通过改善金融市场的不完善因素降低融资成本，从而促进企业的投资支出。德米尔古克—肯特和马卡斯莫维奇（Demirguc-Kunt & Maksimovic，2002）发现，当某一区域金融发展程度较高时，金融中介机构会促使储蓄向投资转化，企业的外部资金供给将更加充裕。卡林和迈耶（Carlin & Mayer，2003）针对金融系统的结构和一国所致力的投资活动类型进行研究，发现分散的银行系统及信贷市场有利于高风险的研发投资项目的开展。克莱森斯和莱文（Claessens & Laeven，2003）指出，一国的金融发展程度越高，更多依赖于外部融资的企业发展越快，证明金融发展显著减轻了融资约束。钱雪松（2008）通过引入融资约束因素，验证了中国现有金融体制对研发投资的阻碍效应以及对实物投资的诱发效应，他认为实施金融体制改革能够缓解融资约束。解维敏等（2009）、解维敏和方红星（2011）研究发现，银行业市场化改革的推进、地区金融发展积极地推动我国上市公司的研发投入，且金融发展水平对企业研发投入的这种正向影响在小规模企业和私有产权控制的企业中更为明显，政府干预弱化了金融发展对企业研发投入的积极影响。唐清泉和巫岑（2015）研究认为银行业竞争性的市场结构有助于缓解企业研发投资的融资约束，银行业竞争性市场结构对于缓解企业研发投资的融资约束的作用在民营、高科技、小型企业中表现得更加显著。第二是在微观层面上，企业自身通过集团化经营、发展内部资本市场缓解融资约束以促进研发投资。科里亚特和威斯坦因（Coriat & Weinstein，2002）将制度与组织维度引入微观企业创新行为的分析框架，认识到企业集团是一种有利于创新的组织形式。集团化经营可以通过实现企业集团成员之间技术与金融资源的共享、增加研发效应乘数及降低融资成本（主要通过克服交易主体之间在产权保护和契约执行等过程中的困难来降低交易成本），从而促进企业的研发投资（Chang et al.，2006；黄俊等，2011；Stein，1997；Hoshi et al.，1991）。戴小勇、成力为（2012）认为通过集团化经营，发挥内部资本市场在融资规模和融资成本上的优势，避免外部募集资金市场中过多的交易成本和潜在的风险，同时减少过多股东和债权人加入导致研发投资的成本增加，研究发现，企业集团可以有效弥补金融低效导致的融资约束问题，从而促进企业研发投入，且集团化经营对高融资约束企业的研发投入的促进作用更强。

第三，是通过申请政府研发补贴缓解企业研发融资约束。其中，莱维和特莱科伊（Levy & Terleckyj，1983）对宏观经济、卡尼茨基和利希特（Czarnitzki & Licht，2006）对德国企业、卡托塞拉和万雷利（Catozzella & Vivarelli，2011）对意大利企业、多哈和金姆（Doh & Kim，2014）对韩国中小企业的研究均发现政府研发补贴对企业研发投资的促进作用很显著。国内学者程华等（2008）、解维敏等（2009）、李平等（2010）、王俊（2010）、江静（2011）等使用中国各省份、行业面板数据、上市公司面板数据以及经济普查数据进行的分析，也均认为政府研发补贴能够显著促进企业的研发投资。

1.3.2 研发投资对企业生产率的影响研究

格瑞里茨（Griliches，1958）最早进行了研发投资对企业生产率的影响研究，随之学者对此问题进行了大量相关研究。在已有理论研究中存在一个普遍的共识，即研发活动在促进生产率增长上起着决定性的作用。格瑞里茨（Griliches，1973）和特莱科伊（Terleckyj，1974）最早在理论模型中证明了研发投资与生产率之间的这种关系。20 世纪 80 年代以后，随着熊彼特增长理论的发展和兴起，研发投资与生产率关系的理论框架得到逐步的发展和完善。熊彼特增长理论最主要的特点之一就是认为内生的研发和创新是促进技术进步和经济增长的决定性因素，代表性的研究工作有罗默（Romer，1990）、西格斯托姆（Segerstrom，1998）以及豪伊特（Howitt，1999）等分别关于存在规模效应的熊彼特增长模型、半内生熊彼特增长模型以及完全内生熊彼特增长模型的研究。这些研究均认为研发投资对生产率增长有着决定性的作用。

基于已有相关理论研究，关于研发投资对企业生产率影响的实证研究主要关注于测算企业层面研发投资的生产率弹性范围，已有实证研究均显示研发投资对企业生产率存在显著的正向影响效应。通过对已有相关研究结果的梳理发现，研发投资的生产率弹性值范围基本上分布在0.05~0.56之间（Griliches & Mairesse，1984；Griliches，1986；Griliches & Mairesse，1991；Hall & Mairesse，1995）。其中根据格瑞里茨（Griliches，1988）以及马里斯和沙参科（Mairesse & Sassenou，1991）通过对已有研究系统性地比较和分析发现，已有研究中研发投资的生产率弹性值范围之所以比较宽泛，一方面是由于不同学者选取的数据以及方法存在差异；另一方面主要是由于他们的结果缺少稳健性和显著性。通过控制测算时选取的置信区间以及企业间的异质性，企业层面研发投资的生产率弹性范围主要分布在0.05~0.20。通过控制企业间技术水平的差异，研发投资对高科技企业生产率的影响往往要高于其对低科技企业生产率的影响。格瑞里茨和马里斯（Griliches & Mairesse，1983）和库尼奥和马里斯（Cuneo & Mairesse，1983）最早通过控制企业部门间的异质性测算了研发投资对企业生产率的影响，他们发现以科研为基础的企业研发投资的生产率弹性为0.20，高于其他类型企业0.10的水平；福斯帕根（Verspagen，1995）通过测算经济合作与发展组织（OECD）国家研发资本存量的产出弹性，发现研发投资对生产率的正向影响只有在高科技企业部门才显著；哈霍夫（Harhoff，1998）使用直接生产函数方法，通过面板回归测算了德国制造业企业研发投资对劳动生产率的影响，发现其在高科技企业部门的影响作用明显要高于其在其他部门的影响作用；权和钱（Kwon & Inui，2003）使用同样的方法分析了日本企业研发投资对劳动生产率的影响，研究发现研发投资对生产率的正向影响作用明显，且这种作用在高科技企业中更大、更显著。此外，一些学者研究了研发投资对中国经济增长的影响作用，同样也发现研发投资对企业生产率的显著正向影响效应主要存在于高科技企业部门（Hu，2001；Hu et al.，2005；Jefferson et al.，2006；Zhang et al.，2012）。

以上实证研究主要是基于格瑞里茨（Griliches，1979）标准知识资本理论框架中研发投资与生产率关系的线性假设展开的，然而一些学者的研究发现研发投资与生产率之间并不是简单的线性关系。多拉塞尔斯基和杰曼德鲁（Doraszelski & Jaumandreu，2013）认为由于互补性、知识积累过程中规模经济以及已获得知识的逐步退化，当前及过去的研发投资对企业生产率的促进作用并不是线性的。根据弗曼等（Furman et al.，2002）的研究，研发投资强度水平可能会从两种途径影响企业的生产率水平，第一种是基于“站在巨人肩膀上”效应的影响路径，即过去已有的研发投资可以提高当前的生产率，第二种是基于拖出效应的影响路径，即越早进行的研发投资发现新知识和创新新产品越容易，这使得后来者的创新越来越难、提高生产率的难度也越来越大。这两种效应的相互作用可能会形成研发投资与生产率之间的非线性关系。基于以上理论，大量的实证研究证明研发投资对企业生产率的影响的确存在非线性关系。格罗斯基（Geroski，1998）研究发现只有当研发知识存量达到一定的门槛水平，创新活动的产出才能有效提高；冈萨雷斯和杰曼德鲁（Gonzalez & Jaumandreu，2000）研究发现能够有效提高企业生产率的研发投资强度的中位值分布在 0.2～0.5；坎茨和西利弗斯托夫（Kancs & Siliverstovs，2016）使用经济合作与发展组织（OECD）国家的企业数据，通过准确测算研发投资与企业生产率之间的关系，回答了研发投资在不同的存量水平上是如何影响企业生产率的问题，同时也回答了这种影响在异质性企业之间的不同之处，研究发现只有当企业的研发投资达到一定水平时，研发投资对生产率的影响才是显著正效应，且伴随着研发投资量的增长，企业生产率的增长呈现边际递减的趋势，且研发投资对生产率的正向影响在高科技企业部门更加显著。

总结以上理论研究与实证研究的内容，大多数学者主要关注于总研发投资对企业生产率的影响及二者的关系，然而，一个行业或者企业自身的研发投资组成也会影响企业生产率的增长率。曼斯菲尔德（Mansfield，1980）使用美国1948—1966年20个行业的数据以及1960—1976年16个企业的数据对研究型投资对生产率增长的影响进行了分析，林克（Link，1981）使用美国1973—1978年55个企业的数据对曼斯菲尔德（Mansfield，1980）的研究进行了补充，格瑞里茨（Griliches，1986）使用美国国家科学基金会研发统计数据对1957—1977年大约1000个大型制造业企业的样本数据进行了更为准确的分析，三者研究均发现基础研究相比于其他类型的研发投资活动，其对生产率的提升更为重要。在他们的研究中，总的研发投资被分为三种类型：基础研究投资、应用研究投资以及试验开发投资。曼斯菲尔德（Mansfield，1980）认为基础研究之所以对企业生产率增长的促进作用更为重要和有效，是由于通过基础研究获取的知识和其他成果可以为后续性的应用研究和试验开发提供支撑和基础。以上这些学者的研究初步揭示了不同类型研发投资组成对生产率的影响，但由于方法以及数据的限制，他们的研究结论还比较笼统。

1.3.3 文献述评

综上所述，已有研究虽然从理论和实证层面对研发投资的融资约束问题、研发投资与生产率的关系有了比较全面的认识，但是：第一，没有将企业研发活动看成一个完整的链条——“基础研究—应用研究—试验开发”，没有系统地对研发投资的异质性进行定义。在整个资金配置的过程中跃居前端、离市场越远的研发投资，其不确定因素越多、风险越大，但其创新的基础性、原创性及复杂性越高，对其他产业的带动作用也大，这对大国尤为重要。第二，没有关注融资约束下外部资金主体功能优势差异以及不同类型研发投资融资特性差异所造成的研发投资结构问题。由于不同资金主体的目标不同、功能不同，对企业研发投资的风险甄别能力和容忍度不同，在研发投资不同阶段的优势也不同。如果违背自身功能优势的研发投资阶段错配，将可能在一定程度上造成企业研发投资内部结构失衡、无法构筑完整的研发资金配置链条。第三，没有在理论和实证研究中考虑不同类型研发投资对生产率增长影响的互补性。研究活动成果要通过试验开发活动才能实现商业价值，研究活动又是试验开发活动的基础，研发投资要对生产率有效地产生积极影响，研发投资内部不同类型研发投资的比例需保持适度平衡，否则将可能不利于生产率的增长。基于此，我们将从三个层面对已有研究进行补充：第一，从融资特性和企业研发行为对生产率影响的两个层面系统地对不同类型研发投资异质性的内涵进行系统的界定；第二，将不同类型研发投资的异质性特征放入理论模型中，分析融资约束下异质性研发投资对企业生产率的影响机理；第三，在实证中考虑研发投资的异质性特征，从实证层面阐释融资约束下异质性研发投资对企业生产率的影响效应。

1.4 本书的研究框架及方法

1.4.1 研究思路与研究框架

1.4.1.1 研究思路

本书基于中国当前研发投资内部结构（即异质性研发投资比例）失衡的现状以及巨大规模创新投资对技术进步和经济增长贡献度偏低的事实，在将研发投资划分为短期试验开发型投资与长期研究型投资的基础上，以两种研发投资的异质性特征为切入点，基于融资约束下不同外部融资渠道的影响，通过修正熊彼特增长模型，从经济参与人的最优化行为来研究和分析融资约束下异质性研发投资对企业生产率的影响机理，并从实证层面进行验证，从而以研发投资异质性的视角揭示创新投资对经济增长的影响。

本书的具体研究思路为：首先，基于研发投资的异质性，通过融资约束视角下外部资金渠道、异质性研发投资与生产率增长的理论建模，从资金配置层面前向探究外部资金渠道对企业研发投资的影响效应，从研发投资的产出效率层面后向探究异质性研发投资对生产率增长的影响效应，并通过数理模型说明融资约束下异质性研发投资对企业生产率增长的影响路径和机理；其次，通过对当前中国企业异质性研发投资面临的融资约束问题分析，同时结合从多个维度对企业异质性研发投资的现状比较以及异质性研发投资对生产率作用机制的不同，从现实层面分析融资约束下异质性研发投资对企业生产率影响特征事实的成因，在实证层面揭示研究问题及研究对象之间的内在逻辑和路径；最后，一方面从不同外部资金渠道（即金融部门资金与政府研发补贴）在企业研发资金配置中的功能视角，基于中国金融发展的现实水平并通过对中国制造业上市公司面板数据的实证分析，检验并测度融资约束现实下外部资金渠道对企业研发投资的影响效应。另一方面，通过半参数奥利—帕克斯（Olley-Pakes）估计值法与广义倾向得分匹配方法，测度融资约束下异质性研发投资对生产率增长的影响特征，从而验证融资约束导致的异质性研发投资比例失衡（主要是指短期试验开发型投资占比过高的情况）对企业生产率增长产生的影响。根据以上研究内容，本书研究认为：金融发展水平较低导致的企业异质性研发投资比例的变化会对企业生产率增长产生负向影响，且政府研发补贴的作用是否有效依赖于金融发展水平的高低；无论是研究型投资的相对投资过度还是试验开发型投资的相对投资过度都不利于企业生产率的增长，且试验开发型投资过度会对企业生产率增长产生负向的边际影响，同时结合融资约束下不同外部资金渠道对企业异质性研发投资的影响效应以及两种异质性研发投资促进企业生产率增长过程中存在的互补性，可以得到融资约束导致的企业异质性研发投资比例的失衡对企业生产率增长产生了负向影响。

1.4.1.2 研究框架

本书共有六章。第一章为绪论，第二章为异质性研发投资对企业生产率影响的理论基础，第三章为异质性研发投资对企业生产率影响的理论建模，第四章为异质性研发投资对企业生产率影响的路径分析，第五章为异质性研发投资对企业生产率影响的实证检验，第六章为结论及展望。

1.4.2 研究方法

根据本书的研究思路，首先，本书在阿洪等（Aghion et al.，2005，2010）模型基础上加入短期试验开发型投资的流动性风险冲击问题，并借鉴凯姆特（Kemfert，1998）提出的用于分析存在多重因素促进技术进步情况的嵌套固定替代弹性（CES）模型的做法，通过考虑研发投资的异质性，进行理论建模；其次，本书使用半参数奥利—帕克斯（Olley-Pakes）估计值法测算了微观企业生产率水平，利用广义倾向得分匹配方法测度了中国企业研发投资与生产率关系的特征事实；最后，使用面板回归模型、调节效应模型、倾向得分匹配方法以及广义倾向得分匹配方法进行实证研究。通过以上研究方法和思路，本书旨在从两种类型研发投资的异质性视角揭示企业创新投资对经济增长的影响。

1.4.3 技术路线图

本书首先在绪论部分基于现实问题，提出问题，并选取研究对象和研究视角，确定了研究思路和研究方法。然后结合相关理论基础及综述，找出了已有研究的空白点，将研发投资的异质性加入已有研究框架中进行研究。接下来的三个部分分别从数理模型的推导揭示问题的内在机理、从实证层面揭示研究问题及研究对象之间的内在逻辑和路径、从实证角度验证理论模型假说，最终得到本书的研究结论。本书的技术路线如图 1.1 所示。

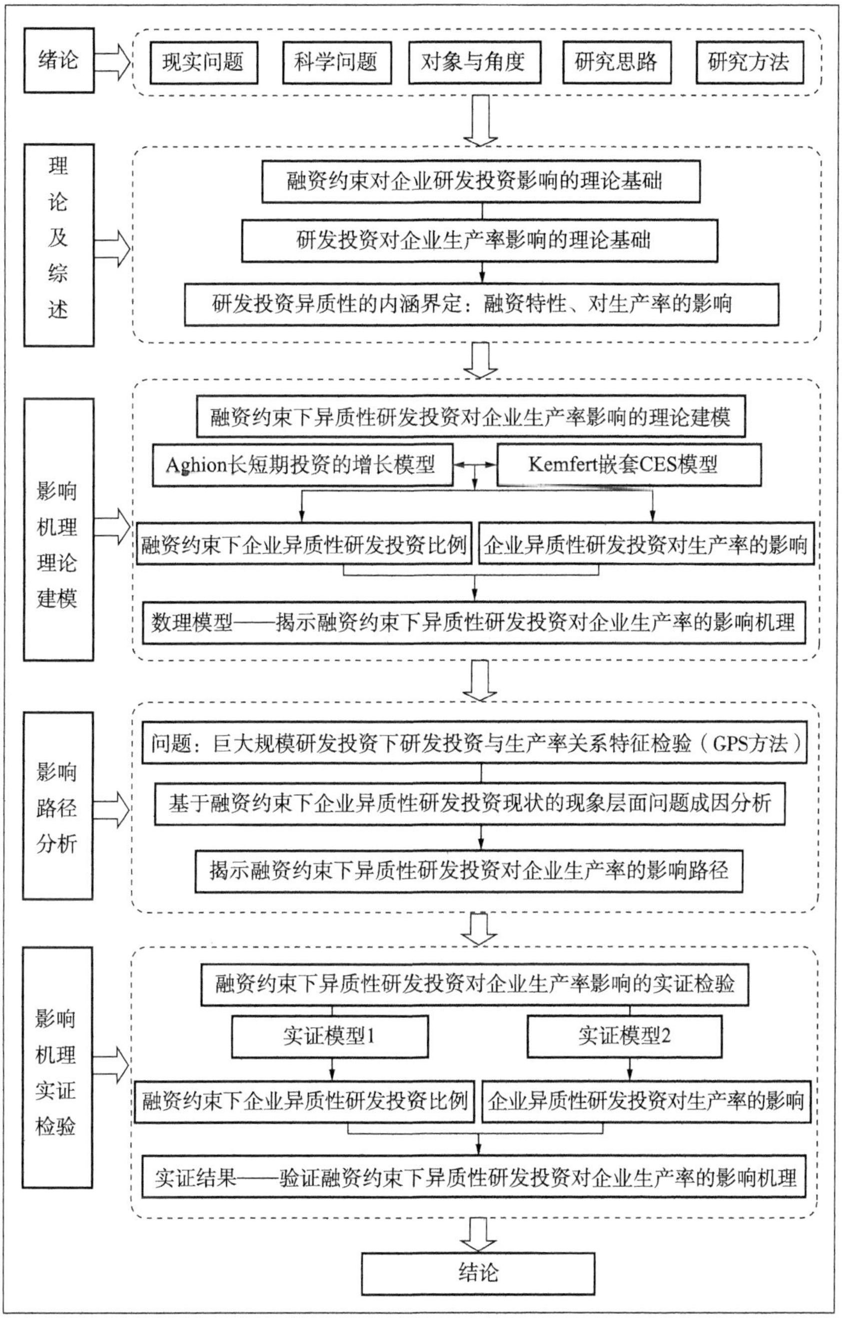
绪论
现实问题
科学问题
对象与角度
研究思路
研究方法
理论及综述
融资约束对企业研发投资影响的理论基础
研发投资对企业生产率影响的理论基础
研发投资异质性的内涵界定：融资特性、对生产率的影响
影响机理理论建模
融资约束下异质性研发投资对企业生产率影响的理论建模
Aghion长短期投资的增长模型
Kemfert嵌套CES模型
融资约束下企业异质性研发投资比例
企业异质性研发投资对生产率的影响
数理模型——揭示融资约束下异质性研发投资对企业生产率的影响机理
影响路径分析
问题：巨大规模研发投资下研发投资与生产率关系特征检验（GPS方法）
基于融资约束下企业异质性研发投资现状的现象层面问题成因分析
揭示融资约束下异质性研发投资对企业生产率的影响路径
影响机理实证检验
融资约束下异质性研发投资对企业生产率影响的实证检验
实证模型1
实证模型2
融资约束下企业异质性研发投资比例
企业异质性研发投资对生产率的影响
实证结果——验证融资约束下异质性研发投资对企业生产率的影响机理
结论

图 1.1 技术路线

1.5 本章小结

本章首先提出了本书的研究背景与意义，基于中国当前的研发投资现状和创新投资对技术进步和经济增长贡献中存在的两个现实问题，提出了本书要解决的科学问题：第一，影响企业研发投资内部结构（即异质性研发投资比例）的原因是什么？不同研发资金配置主体行为在其中存在怎样的作用机理？如何测度不同外部资金渠道行为对企业研发投资的影响效应？第二，在研发投资内部结构（即异质性研发投资比例）失衡的现状下，研发投资与生产率增长之间存在怎样的关系？如何解释中国研发投资低效的问题？如何测度异质性研发投资对生产率增长的影响效果？其次，基于这些问题，选取合理的研究对象和研究视角，对相关研究内容进行了基本概念界定。最后，结合对已有相关研究文献的梳理，通过寻找空白点，确定本书的研究思路、研究方法以及研究框架。

2

异质性研发投资对企业生产率影响的理论基础

根据第一章中构思的研究思路，本书要从两个层面对问题进行研究，一方面，要从外部资金渠道的影响出发，研究融资约束对企业研发投资内部结构（即两种类型异质性研发投资比例）的影响；另一方面，要从企业异质性研发投资与生产率的关系入手，分析企业异质性研发投资对生产率增长的影响。同时，根据第一章中文献综述内容，已有相关研究主要集中于融资约束、总研发投资以及企业生产率方面。因此，本章内容，首先对融资约束与企业研发投资的相关理论基础进行归纳，并基于融资约束下外部资金渠道对企业研发投资影响的理论研究，对两种外部资金渠道在完整研发链条中对不同阶段资金配置的功能优势进行了分析和阐释；其次对研发投资与企业生产率增长的相关理论基础进行归纳，从研发投资规模对企业生产率的影响和不同类别研发投资对企业生产率的影响来认识研发投资对生产率影响的机理和路径；最后基于以上理论基础，从不同类型研发投资的融资特性差异以及二者对生产率影响机制两个层面，对研发投资异质性的内涵进行界定。

2.1 融资约束对企业研发投资影响的理论分析

2.1.1 融资约束与企业研发投资关系的理论分析

2.1.1.1 融资约束的理论基础

按照法扎瑞等（Fazzari et al.，1988）的定义，当企业面临投资机会时内源资金不足，而又得不到外部融资或者外部融资成本过高，就认为企业面临融资约束。融资约束问题之所以存在，是由于存在信息不对称问题以及代理问题。这两个问题的存在，使得企业获取外部资金的成本往往要高于内部资金成本，且由于现实中的金融市场往往是不完善的，由信息不对称以及代理问题引发的逆向选择、道德风险等进一步提升了企业的外部融资成本，并造成了企业的融资约束问题。

首先，信息不对称模型。信息不对称的概念最早是由阿克洛夫（Akerlof，1970）提出的，他认为具有资产质量内部信息的资产所有者与不知情买者对于资产的估价存在很大差异，前者往往不愿接受后者提出的价格。在买者认识到这个事实时，他会意识到资产所有者能够接受价格一定是对于自身而言非常高的价格。也就是说，资产所有者只有在这个资产是一种“柠檬”时才会接受买者的价格。这种资产所有者与购买者之间信息不对称，将导致资产的市场价格低于在二者均拥有相同信息情况下资产的价格，由此造成的价格差就是所谓的“柠檬”溢价。信息不对称往往会造成逆向选择问题。杰菲和罗素（Jaffee & Russell，1976）、斯蒂格利茨和韦斯（Stiglitz & Weiss，1981）将逆向选择问题应用到信贷市场上，前者指出，当贷款人不能有效辨识借款人的资信水平时，会造成贷款利率上升或贷款规模受限，后者指出，逆向选择问题有可能造成信贷配给问题，二者的研究均认为，贷款人如果通过提升利率的形式来区分借款人的资信水平，就会导致高资信水平的借款人放弃借贷，这种情况下将造成违约率的上升以及贷款人平均收益的降低。这是由于，在这种均衡状态下，利率水平将导致市场上对贷款存在超额需求，资金将被分配到愿意在一定利率水平之上获得贷款的借款人手中。逆向选择问题会给信息不对称问题较为严重的公司带来较高的外部融资成本，由此产生了融资约束。格林沃尔德等（Greenwald et al.，1984）、迈耶和麦吉勒夫（Myers & Majluf，1984）分析了资本市场中的逆向选择问题，二者假定企业管理者对公司已有资产和新的投资项目收益拥有完全的信息，而外部投资者了解的信息不完全，由此可能造成逆向选择问题，那么新股东将会要求一个较高溢价以补偿由于逆向选择问题所带来的损失。格林沃尔德等（Greenwald et al.，1984）研究发现由于高质量的企业主要采用债务融资渠道获取外部资金，由此可能造成决定发行股票的企业向外界传递一个自身质量不高的负面信号，这种负面信号将会降低公司的市场价值。迈耶和麦吉勒夫（Myers & Majluf，1984）指出只有当发行新股票能够增加已有股东财富时，管理者才会通过股权融资为投资项目获取融资资金。由于信息不对称成本的存在，已有股东认为的最优选择是让管理者放弃股权融资和净现值为正的投资项目，但在金融市场完全的情况下，这种选择很明显是一种次优选择。按照迈耶和麦吉勒夫（Myers & Majluf，1984）的观点，由于信息不对称导致的融资约束问题，企业可以通过保留足够的现金储备，使之能够用于企业原本会放弃的投资项目。

其次，代理模型。代理模型认为，外部资金的提供者会要求较高的资金回报，从而补偿他们所承担的代理成本。代理成本包括监督管理人行为的成本以及潜在的与管理人对资金配置相关的道德风险成本。代理理论最早由詹森和麦克林（Jensen & Meckling，1976）提出，两位学者认为只要管理人不对自身所控制的资源拥有唯一所有权，管理人就有动机以在职消费的方式侵占企业资源，因此，代理成本基本上是不可避免的。债权融资也具有较大的代理成本，主要包括由于债务影响所造成的次优选择、监督成本以及破产重组成本。伯南克和格特勒（Bernanke & Gertler，1989）基于代理成本构建了投资的“财务加速器”模型，二者认为借款人较高的财富净值降低了实际资本投资的代理成本，经济繁荣能够提高借款人的财富净值，从而降低代理成本、促进资本投资的增加，而这又会进一步地刺激经济繁荣，而当经济衰退时情况则相反。伯南克和格特勒（Bernanke & Gertler，1990）研究认为，当借款人的财富净值减少时，其可用于投资项目的资金将会减少，这将会造成借款人和潜在债权人之间的利益冲突，造成代理成本的提高。两位学者进一步把企业家对投资项目进行价值评估的成本加入原来的模型中，通过价值评估，企业家相比于外部资金提供者而言，拥有更多关于投资项目的质量水平的信息，二者之间的信息不对称将会造成代理问题，而代理问题又会导致外部融资成本提高，这又将进一步影响企业家对投资项目进行价值评估的意愿。当借款人的财富净值增加时，如果他们继续对项目进行投资，其将承担较高的机会成本，从而借款人抉择将更为慎重，这将会促进投资项目预期收益的增加以及代理成本的降低；当借款人的财富净值减少时，其没有动力对投资项目进行价值评估，从而会造成高质量投资项目数量的减少以及代理成本的提高。这就导致在均衡状态下，投资支出的数量和预期收益对借款人的资信水平较为敏感（主要由借款人的财富净值反映）。在实际中，如果借款人的财富净值特别少，公司的投资支出将会完全中断。综上所述，代理成本也会对企业造成严重的融资约束问题，尤其是对于资信水平相对较低的民营中小企业。

2.1.1.2　研发投资融资约束的理论分析

研发投资的融资约束理论是基于融资约束的基础理论发展起来的，

而正是由于研发投资与普通投资不同，其面临的融资约束问题更严重。由于研发投资创新成功的概率较低，创新投资周期长，难以在短期内获得与普通投资相同的回报，且创新结果的不确定性较高，研发投资结果很难准确预测（Scherer，1965），这种收益不确定性、信息不对称以及由此可能导致的逆向选择、道德风险等问题都使其难以从金融部门获得充分的资金支持（Hall，2002）。此外，研发活动商业化的过程时间长，在这个过程中需要企业资源的持续投入，短暂的投资中断就可能导致创新的失败或者技术的落后，且由于创新还需要长时间积累相关知识，这意味着企业需要沉淀大量的人力资本，而50%或以上的研发投资主要用于支付研发人员的工资，为了防止人才流失造成的损失，企业必须保证长时期稳定的创新投资（Lach & Schankerman，1989；Hall & Lerner，2010）。布朗等（Brown et al.，2012）研究认为大部分的研发投资用于支付给受过较好训练的科学家、工程师以及其他的熟练技术工人，而减少研发投资意味着需要裁员，短期的研发投资减少意味着未来需要花费招聘和培训经费，同时解聘的研发工作人员可能造成企业自身研发相关重要信息的扩散，而这些信息往往是企业不愿与竞争者分享的信息，因此这将会降低企业可获得的创新价值。金融部门研发资金配置的目标相对聚焦于经济效益，要求风险与收益相匹配。研发投资的高风险性、信息不对称以及企业研发活动投入方向主要集中于人力资本和无形资产方面，这些因素都导致融资担保物的缺乏，这势必使投资者需要一个较高的风险溢价以实现风险和收益的平衡，这也是企业从金融部门获取研发项目融资困难的根本原因。

企业研发投资面临的融资约束会由于国家与地区间金融发展水平的差异、企业自身的异质性特征以及研发项目类别的差异而有所不同。国家与地区间金融发展水平的差异会引起融资约束程度的差异。金融市场的功能不仅仅在于融通资金，更在于减少信息收集成本和对投资项目提供更好的评估、选择和监督，进而优化资源配置（Greenwood & Jovanovic，1990）。吉勒斯（Gilles，1992）指出企业研发创新的不确定性使企业暴露在风险中，然而发达金融市场能够通过多元化经营对风险进行跨期分散，从而缓解融资约束。蔡地、万迪昉（2012）研究发现所处地区金融发展水平越高，企业越倾向于进行研发活动并提高研发投入强度。戴小勇、成力为（2015）研究发现中国存在结构性融资约束，即金融欠发达地区的企业所受融资约束程度高。企业自身的异质性特征也会影响企业研发投资所面临的融资约束程度。这种差异是由特别的金融发展背景导致的。在中国当前银行主导的金融体系下，金融体系由四大国有银行占据主导地位，结果是银行表现出严重的贷款歧视，贷款倾向于国有企业和大规模企业。多个学者的研究均表明，国有企业、大规模企业相对于民营企业、中小企业，在获得金融部门的创新融资时，面临的融资约束程度较轻（李广子等，2009；解维敏等，2011；刘仁伍等，2011；谭之博等，2012；张杰等，2012；唐清泉等，2015）。同时，研发项目类别的不同也会引起融资约束程度的差异。这是由于信贷资金更加偏向于选择与市场较为接近的研发项目，银行之所以偏爱与市场更近的试验开发型项目，是因其具有较高的私人收益（Santamaría et al.，2010；Kleer，2010）。卡尼茨基和霍特恩罗特（Czarnitzki & Hottenrott，2011）区分研发支出类型的研究发现，融资约束对基础性、高技术含量的研发投资制约更大，而对应用性、技术含量低的研发投资影响较小。顾群和翟淑萍（2014）研究发现进行研发投资的企业普遍存在融资约束问题，而探索式创新的研发投资比开发式创新的研发投资面临的融资约束程度更高。

2.1.2　外部资金对企业研发融资约束的缓解

基于融资约束与企业研发投资关系的理论基础，对于企业研发投资活动而言，不仅企业内部资金与外部资金之间不能完全替代，而且不同的外部资金渠道因其主体目标函数的差异，其对研发投资作用的功能优势也有所不同。

2.1.2.1 金融部门资金作用的功能优势

（1）金融融资渠道的选择及其影响

企业从金融部门获取创新融资的渠道主要是分为两类：股权融资（又称权益融资）和债权融资。从研发投资的特点以及投融资两方的利益诉求来分析，企业利用金融部门资金对研发项目进行投资时，发行股票优于债务融资，主要原因是：股权融资无抵押需求、投资者分享收益，尤其是企业在自身生命周期的初期，由于自身资金的有限性以及发展的需求，使用较大比重股权融资的可能性更大（Brown et al.，2012）。相反，债权融资要求企业在未来能够提供稳定的还本付息现金流，由此带来的财务压力与创新项目需要持续现金流投入之间存在冲突（Opler & Titlnan，1994）。同时，从外部投资者角度进行分析，企业研发活动投入方向主要集中于人力资本和无形资产方面，由此导致其融资担保物的缺乏，而以银行为首的债权人贷款的前提是足够的抵押资产，但股权投资者则更关注科研创新带来的企业成长性（Bottazzi et al.，2001），对有形资产的要求相对较低，因此股权投资者更愿意为创新项目提供资金。然而，由于金融发展水平的差异，在不同地区或国家，企业对创新融资渠道的选择以及不同渠道资金对企业研发投资的影响存在差异。

在现实经验中，因股权融资与债权融资风险偏好与利益诉求的不同，其对企业研发投资的作用也存在差异。霍尔（Hall，1992）运用美国制造业公司的面板数据分析发现，债权融资不是企业创新融资的主要渠道，企业负债水平与创新投资显著负相关。隆和拉文斯克夫特（Long & Ravenscraft，1993）发现，被杠杆收购（LBO）的企业在收购之后企业研发投入平均下降 40%。奥普勒和泰尔南（Opler & Titrnan，1994）发现在美国财务杠杆水平较高的上市公司中，从事研发创新的企业在经济萧条时表现更差。布朗等（Brown et al.，2009）研究发现在发达的资本市场，股权融资在鼓励企业研发创新方面比债权融资更有优势。不过，银行在支持企业研发上也具有重要的作用，尤其是在金融体系为银行主导型的国家。本布罗等（Benfratello et al.，2008）研究发现银行密集度对企业创新投资具有积极影响。即使是美国这个金融市场主导型的国家，阿莫尔等（Amore et al.，2013）和查瓦等（Chava et al.，2013）基于美国二十世纪八九十年代的跨州银行经营管制解除的自然实验，发现银行业竞争程度的提高和银行分担风险能力的增强，能够显著促进企业创新投资。国内学者对此也做了诸多研究。孙杨等（2009）研究发现金融机构贷款对科技创新的促进作用明显较差，他们认为出现这种现象的原因可能是长期以来中国的金融机构更偏好于有企业的有形资产作为抵押、周期短、风险小的生产经营性贷款，另外由于宏观政策造成的不稳定，中国资本市场的发展对企业研发投资的促进作用并不明显。温军等（2011）通过研究债务结构与企业研发投资的关系，发现关系型债务融资比交易型债务融资更能促进企业创新活动。夏冠军和陆根尧（2012）研究发现，资本市场提供的外部股权融资促进了高新技术上市公司的研发投资，并且这种正向影响对规模小的企业更为明显。鞠晓生（2013）研究发现银行贷款是中央国有控股公司创新投资的一种重要融资方式，股权融资不是上市公司创新投资的主要融资方式，此外，在平滑创新投资波动方面，中央国有控股公司主要依赖于银行贷款，地方国有控股公司和非国有控股公司主要依赖于股权融资。马光荣等（2014）研究发现，银行授信可以使企业开展研发活动的概率提高 8.6 个百分点、研发强度提高 0.24 个百分点，而信贷紧缩政策则会使企业研发支出明显下降甚至为零。蔡竞和董艳（2016）认为在中国以银行为主的金融体系中，对于中小企业而言，由于上市要求较高，其并没有能力通过股权融资为自身研发投资活动获取融资，对于这类企业而言，银行贷款对其研发投资发挥了主要的作用。综上所述，不同金融融资渠道对企业研发投资的作用会受到一国金融发展水平以及金融结构的影响，股权融资与债权融资的作用虽然有所不同，但两者均具有逐利性的特点。

（2）金融部门资金的特征分析

金融部门资金逐利性的特点，决定了其在选择投资项目时要求风险与收益相匹配。研发创新成功的概率较低，一般难以在短期内获得与普通投资相同的回报，且由于创新结果的不确定性，导致企业不能对投资结果进行准确预测（Scherer，1965），这些因素决定了研发投资的高风险性。正是由于研发投资的高风险性，来自追求风险与收益匹配的金融部门资金必然要求自身拥有比一般投资更高的风险溢价。研发投资过高的资金成本，决定了企业在金融市场为研发投资进行融资时必然面临一定程度的融资约束，再加上研发投资项目的可抵押性差、信息不对称问题严重，在金融市场功能不完善的情况下，企业即使愿意支付高的风险溢价也难以从金融市场为研发投资获取融资来源。从“金融功能论”的角度来认识风险与收益的匹配性，在金融发展过程中，金融功能呈现“基础功能（服务、中介功能）—核心功能（资源配置）—扩展功能（经济调节、风险规避）—衍生功能（信息传递、公司治理、风险交易等）”不断扩展和提升的递进关系，在前面功能的基础上，当经济金融发展到一定程度，后边的功能逐步地凸显出来（白钦先等，2006），也正是随着金融市场功能的不断完善，金融市场能够有效并准确地对投资项目进行风险评估，并对其风险进行管理，从而实现投资的风险和收益的真正匹配。因此，金融部门资金使用的有效性依赖于金融市场功能的发展程度，金融市场功能的不断完善可以使企业投资的风险与收益的匹配性不断增强，也就能够有效支持企业的研发投资。

基于金融部门资金的逐利性特点，如果金融市场的发展较为健全、具备完整的金融功能，从风险与收益的角度来讲，金融部门资金不会偏好于风险与收益不匹配的研究阶段投资，但其对于缓解企业研发链条中试验开发阶段的融资约束具有绝对的功能优势，在研发链条的后端，创新活动的技术风险逐步减小、投资周期相对缩短、投入的回流速度相对加快，但市场供求不确定性问题凸显，甄别并分散其市场风险显得越来越重要，且由于研发投入量大并长期持续，在此阶段获取足够的融资来源也相当重要。此时，能通过市场交易及时汇聚资金、对市场风险进行有效识别、监控并促成有效公司治理的金融体系就显得尤为重要，其不仅可以直接为企业研发投资融资，还可以减少企业研发投资的信息不对称性、提高企业创新成功的概率、缓解融资约束以促进企业研发投资（King & Levine，1993；Blackburn & Hung，1998；Levine，1991）。在金融市场发展水平较高、功能健全的情况下，金融市场不仅能够对研发投资链条中试验开发阶段面临的市场风险进行跨期分散，并将可能的冲击在更长的时期中分担，还能够有效防止融资者的欺骗行为，对投资项目进行监督，从而促进企业形成合理的公司治理结构，这些功能对提高企业技术创新的成功率具有重要作用。由此可见，完善的金融体系在甄别研发投资的市场风险（主要存在于研发活动后端——试验开发一端）方面存在明显优势，但其逐利性特点决定了其在研发链条中的资金配置作用越靠前端，作用越不明显。

2.1.2.2　政府研发补贴作用的功能优势

考虑到研发活动投资非专用性特征以及金融市场发展不完全等因素带来的“市场失灵”问题，要促使私人部门研发投资达到社会最优水平，政府的介入具有一定的必要性。可以说政府研发补贴是促使企业形成完整研发链条不可或缺的资金来源之一，解维敏等（2009）就曾指出政府补贴是企业研发投资的重要融资来源。政府介入企业研发投资决策行为的主要方式就是对企业实行研发补贴政策，以下我们将对政府研发补贴对研发投资融资约束缓解的理论基础进行归纳，并基于此分析政府研发补贴的功能优势。

（1）政府研发补贴对企业研发投资的必要性和作用原理

企业研发项目的投资不足主要归因于两种类型的“市场失灵”：一方面，研发投资成果在企业间乃至国家间的外溢效应的存在或者说创新投资收益的不完全专属性是导致研发投资“市场失灵”的重要原因之一；另一方面，由于信息不对称导致的“融资缺口”是导致研发投资“市场失灵”的另一个重要原因（David et al.，2000；Hall，2002）。

纳尔逊（Nelson，1959）以及阿罗（Arrow，1962）最早提出，创新活动的公共产品特征以及非完全专属性意味着其私人投资收益小于社会收益，而研发投资活动私人收益与社会收益之间的差距意味着私人部门投入到研发活动的资源往往要低于社会最优投资水平（Klette et al.，2000），这就是研发资金配置中的市场失灵。研发投资低于社会最优水平的代价较大，一方面表现在于创新投资者自身的损失；另一方面表现在于创新活动对技术进步、经济福利和就业能够产生巨大的外部效应（Storey & Tether，1998）。斯彭斯（Spence，1984）利用理论模型分析了当外溢效应存在时企业在寡头垄断市场投资的激励，研究认为，没有政府补贴，社会福利会随着企业数量的增加而逐渐减少。各国政府逐渐认识到创新对于国家进步的重要作用以及必要的政府干预是纠正这种“市场失灵”的有效手段（David et. al.，2000），因此，公共政策理论呼吁政府干预，从而确保私人部门研发投资达到最优水平（Wallsten，2000）。而政府研发补贴则是此类政府干预的重要方式之一，也成为企业创新资金的重要来源之一。

但由于研发投资缺乏抵押物特性以及信息不对称问题的出现，研发投资又往往因为融资约束问题被抑制（Brown et al. 2012）。由于研发活动正外部性的存在，创新活动实施者通常不愿意与外部投资者分享创新活动相关信息，对于研发活动的性质以及经济潜质，创新活动实施者往往比投资人更有信息优势。因此，研发项目的“柠檬溢价”特别高（Akerlof，1970；Leland & Pyle，1977）。总之，信息不对称问题可能导致为研发项目获得股权融资或者债权融资的成本非常昂贵，甚至会超过其本身的收益（Myers & Majluf，1984）。因此，政府研发补贴作用的另一重要原理在于：其能向其他潜在的融资人传递信息。在塔卡罗和田山（Takalo & Tanayama，2010）构建的理论模型中，政府研发补贴可以向以市场为基础的融资人传递积极信号、降低融资约束，发放补贴的机构比以市场为基础的融资人更有动力去筛选项目，因为二者具有不同的目标函数，且私有融资人之间存在潜在的“搭便车”问题，除此之外，政府部门作为一个能够集中收到较多申请人信息的机构，其对不同领域当前的科技发展及工艺水平有一个较准确的认识，因此其比私有融资人更具有信息优势。勒纳（Lerner，2002）的研究也认为政府机构能够克服信息不对称问题，但私有融资人却不能。基于政府研发补贴对企业研发投资的作用原理，政府对企业研发进行补贴的目的是促进对社会有较高收益项目的进行，并向私人投资者显示这些项目具有较好的投资前景，从而对市场进行引导，因此政府补贴对研究型项目具有较强的倾向性（Kleer，2010）。圣玛丽亚等（Santamaría et al.，2010）的研究也发现只有研究型项目能够获得政府补贴这种形式的资金支持。这主要是由于研究型项目虽然收益专属性较低、比开发项目的溢出性更强，但它们能为未来的研究提供基础，不是仅为单个公司提供基础，而是为多个公司甚至多个行业提供基础（Beise & Stahl，1999；Funk，2002），也就是说研究型项目较难获得外部融资，但带来的社会收益和福利较高，这就决定了政府研发补贴在研发前端——研究型投资一端的作用空间较大。

（2）政府研发补贴对企业研发投资的作用效应

政府补贴对企业研发投资的作用效应，一方面体现为基于企业直接的资源获取而对企业研发投资产生的激励效应；另一方面体现为基于补贴机构对企业研发项目认证而对企业所产生的信号效应，而这些作用与效应又因政府补贴额度高低程度、政府补贴的方式、企业异质性、一国要素市场发展程度以及研发活动的异质性等因素的差异而变得更为复杂。

首先，基于资源获取层面的激励效应研究存在两种截然相反的观点，部分学者认为政府研发补贴弥补了社会收益与私人收益的差距、降低了企业研发活动成本，从而对企业创新投资具有正向激励效应；另一部分学者认为，政府研发补贴的激励效应经常是无效的，甚至代价巨大，这主要是由于其对企业研发投资存在一定的挤出效应，归因于政府干预可能会扭曲企业利益集团或政治官员的想法，从而诱导其最大化自身效用，这与政府弥补“市场失灵”的初衷相悖。企业为了获取政府研发补贴可能会调整自身的研发项目，政治影响以及扭曲的激励机制会导致补贴发放给“错误”的研发项目，由此可能导致对私人研发投资产生替代、挤出效应（Toivanen & Niininen，1998；Lerner，2000；Klette et al.，2000；David et al.，2000；Lach，2002），且随着补贴力度的提高，政府研发补贴对企业研发投资的挤出效应会更明显（Gorg & Strobl，2007），对于处于行业技术前沿面的企业或者企业的产品正面临剧增的市场需求时，政府研发补贴也会挤出其自身的研发投资（Lee，2011）。

其次，政府研发补贴对企业及其研发项目具有一定的认证效应（即“信号效应”），有助于企业获得更多渠道的外部融资。勒纳（Lerner，2000）研究发现获得政府研发补贴对中小企业的企业品质是一种积极的信号，这种信号有助于企业获得风险投资，他认为政府补贴项目能够证明企业的质量和项目的技术水准，从而缓解资本市场不完美造成的融资约束。费尔德曼和凯利（Feldman & Kelley，2006）、穆尔曼和德梅塞内尔（Meuleman & De Maeseneire，2012）的研究均发现政府补贴的获得可以增加企业获得外部资金的概率，并为企业增加多种渠道的资金来源和融资数量，包括私人风险投资、政府风险投资项目等。不过，政府研发补贴对企业的这种认证效应需要建立在一定的假设基础上，即政府对申请企业的评估是独立的，其在知识和技术上的认证能力是精确和专业的（Lerner，2000，2002；Feldman & Kelley，2006），否则可能会导致扭曲的激励机制，从而使“信号效应”失灵，国内学者杨洋等（2015）研究发现要素市场扭曲所带来的信号扭曲会导致补贴所具有的信号传递作用在民营企业濒临“失灵”。此外，由于中小企业的代理问题和信息不对称问题更明显（Ennew & Binks，1995；Berger & Udell，1998），因此，这种信号效应对于很难获得潜在融资人支持和关注的小企业的作用尤为明显，勒纳（Lerner，2000）、费尔德曼和凯利（Feldman & Kelley，2006）、穆尔曼和德梅塞内尔（Meuleman & De Maeseneire，2012）的研究均验证了这一点。穆尔曼和德梅塞内尔（Meuleman & De Maeseneire，2012）还发现政府研发补贴更有助于促进创业企业、高科技行业以及新兴市场的企业获得私人投资。

（3）政府研发补贴的特征分析

政府研发补贴具有两个重要特点：多目标性和无偿性。第一，政府对企业进行研发补贴的目的包括解决研发活动的“市场失灵”问题、引导其他领域资金对企业研发活动的支持等。西方文献研究普遍认为解决研发投资活动的“市场失灵”问题是政府研发补贴的根本目标。根据阿罗（Arrow，1962）的研究，研发不同于传统生产投入要素的特点在于研发活动的成果具有消费上的非排他性和收益上的非独占性，这导致研发投资者的私人收益低于社会收益率，且如果企业的研发资金来自外部融资，导致企业研发投资成本的提高，就会更进一步导致企业研发投资的供给不足。创新成果（知识和技术）的公共品特性决定了对创新来说只是靠市场调节资源配置是远远不够的（洪银兴，2010）。就如波特（2003）所指出的，当竞争的基础转为创造和知识积累时，国家的作用就变得日益重要，创造与保持竞争优势也变成本土化的过程。对创新作成本效益分析，创新需要研发投入，创新成本能否足额补偿，直接影响创新者的积极性（洪银兴，2010）。这时就需要政府发挥作用，解决研发投资活动的“市场失灵”问题，这是政府资金作为社会代表介入企业创新的必要性和重要原因。同时，政府资助企业研发的另一个目的是发挥杠杆效应，引导其他资金投入科研领域，增大企业科研经费的规模（孙杨等，2009）。此时，政府研发补贴起到了引导和集成创新的作用，通过对研发企业及研发项目的选择发出“信号”，引导其他资金的进入，不但有效降低了企业创新成本，还在一定程度上解决了企业研发项目的信息不对称问题、降低了企业创新的风险。第二，政府研发补贴是企业从政府无偿获得的货币性或非货币性资产，具有无偿性。正是由于政府资助的无偿性，资金在使用过程中缺乏必要的约束机制，从而可能会导致严重的委托—代理问题的产生，政府作为委托人，将科研经费委托给代理人，但由于监督的缺位和激励机制的缺陷，代理人的努力程度不可观测，科研机构的寻租行为会导致委托人——国家利益受到损害，从而影响政府研发补贴目标的实现和企业科技创新水平的提升（孙杨等，2009）。

基于政府研发补贴的作用特征及自身特点的分析可以发现，政府资金的功能优势在于矫正研发投资活动的“市场失灵”、降低企业成本。在研发链条中跃居前端（研究阶段一端）的创新活动，其所涉及共性关键技术的科学发现难度越大、与其他产品的关联节点越多，投资周期也越长、产品创新的技术风险也越高，创新成果的公共产品属性也就越明显，其研发投资的社会收益率与私人收益率的差异就会越大，也就越需要政府资金的支持（胡明勇等，2001）。政府研发补贴弥补社会收益率与私人收益率差异的功能、其投资的多目标性以及无偿性，使其在研发活动中的资金配置作用越靠前端，其作用优势越明显，但其在甄别研发投资的市场风险（主要存在于研发活动后端——试验开发一端）方面却存在明显劣势。

2.2 研发投资对企业生产率影响的理论分析

2.2.1 研发投资规模对企业生产率影响的理论分析

格瑞里茨（Griliches，1973）和特莱科伊（Terleckyj，1974）最早在理论模型中证明了研发投资对生产率的促进作用。二十世纪八十年代以后，随着熊彼特增长理论的发展和兴起，研发投资对企业生产率影响的相关理论框架得到逐步的发展和完善。熊彼特增长理论最主要的特点之一就是认为内生的研发和创新是促进技术进步和经济增长的决定性因素。

在早期的熊彼特增长模型中，经济体中只存在一个研发部门，经济增长率是由理性经济人的最优化决策行为决定的，代表性的模型有罗默（Romer，1990）、格罗斯曼和赫尔普曼（Grossman & Helpman，1991）、阿洪和豪伊特（Aghion & Howitt，1992），他们的模型认为经济中存在规模效应，也就是说主要用于衡量研发投入的科学家的数量越多，经济增长率也就越高。但琼斯（Jones，1995a，1995b）对过去四十年发达经济体经济发展的特征事实进行检验发现，进行研发的科学家数量和研发投资强度均得到大规模增长，但是生产率和经济增长率并没有得到相应规模的提高，甚至有些国家存在下降趋势。因此，早期认为研发投资与生产率之间存在规模效应增长关系的理论并不能很好地解释现实经济的发展状况。

基于此，以琼斯（Jones，1995a）、科图姆（Kortum，1997）、西格斯托姆（Segerstrom，1998）为代表的学者提出了不存在规模效应的半内生熊彼特增长模型。这一类模型的主要特点是，他们认为在企业创新活动的知识生产过程中，其面临的技术机会是递减的，也就是说随着研发知识存量的增加，其带来的边际生产率会逐渐降低，因此要保持生产率增长和技术进步，就要不断地增加研发投资。半内生熊彼特增长模型虽然解释了现实经济增长不存在规模效应的事实，但在其模型框架中，经济增长率最终是与人口增长率正相关的，而现实经济中瑞典、芬兰等国家虽然人口增长率基本为零或者小于零，但其经济增长率仍然是正的。

基于这些缺陷，以杨（Young，1998）、佩雷托（Peretto，1998）、迪诺普洛斯和汤普森（Dinopoulos & Thompson，1998）以及豪伊特（Howitt，1999）为代表的学者提出了无规模效应的完全内生熊彼特增长模型，这一类模型假设经济中存在两类研发部门，包括水平创新部门和垂直创新部门，水平创新代表着产品种类的增加、没有溢出效应，其速度与人口增长率相等，垂直创新代表着内生的研发和技术进步、具有较强的溢出效应，其速度与用于垂直创新部门的劳动力占比正相关，即使没有人口增长，通过影响垂直创新的速度也可以实现经济增长。

此外，在研发投资与生产率关系理论模型发展和完善的过程中，一些学者将金融发展以及政府政策影响加入熊彼特增长模型中，研究了这些外生因素对内生的研发和生产率增长的影响（Park，1998；Segerstrom，2000；Aghion et al.，2005，2010），金融发展水平和政府政策对生产率的影响主要是通过调节分配给提高生产率的研发资本投入

（包括物质资本和人力资本）来实现的。总而言之，熊彼特增长模型不断完善和发展的过程，也是不断证明和肯定研发投资对生产率增长具有决定性作用的过程。

众多理论模型验证了研发投资是生产率和经济长期持续增长的重要决定因素，那么对于生产率提高和经济增长，研发投资是否存在最优规模？在现实经济中是否存在研发投资过多或过少的现象？根据已有相关理论研究，我们将导致现实经济中研发投资规模偏离，进而给生产率提高和经济增长达到最优的研发投资规模带来的扭曲效应分为两类：一类是使研发投资过少的效应，包括研发投资的信息不对称及金融市场不完善造成的市场失灵效应、研发投资的正外部性造成的“站在巨人肩膀上效应”以及中间产品部门垄断定价造成的垄断效应；另一类是使研发投资过多的效应，包括专利竞赛引起的重复效应以及创造性毁灭效应。

关于第一类扭曲效应，首先，金融市场不完美以及信息不对称问题可能导致在金融市场上为研发项目获得融资的成本非常昂贵，甚至会超过其本身的收益（Myers & Majluf，1984），这会造成研发投资的“融资缺口”，从而导致对研发投资过少，进而对生产率增长造成不利影响（Aghion et al.，2005，2010）。其次，纳尔逊（Nelson，1959）以及阿罗（Arrow，1962）最早提出，创新活动具有公共产品特征、非完全专属性以及正外部性。这意味着单个企业生产的知识越多，社会总的知识存量越大，别的企业生产知识也就越容易，也就是“站在巨人肩膀上效应”（Jones，1995a），研发投资的这种特性可能导致很多企业家产生创新的“搭便车”行为，从而导致对研发投资过少。最后，由于作为中间部门生产投入的研发投资产出，技术或工艺的特点在于其既不纯粹是传统消费品，也不纯粹是公共品，它是一种非竞争和部分排他的商品，当其以这种特性被引入增长模型时，基于理性经济人的最优化行为，均衡状态将是垄断竞争的均衡结果，这种状态下生产的中间物品的数量要比社会最优状态的完全竞争时少，这又会降低研发部门可获得的利润，从而造成研发投资低于最优规模，进而降低平均生产率水平（Romer，1990；Jones & Williams，2000）。

关于第二类扭曲效应，首先，重复效应主要来自企业间的专利竞赛，为了第一个获得新创新产品或工艺的成果，多个企业会投资类似的研发项目，这种情况下创新投资的增加意味着重复过多投入，从而降低了经济体中研发投资的平均生产效率（Jones，1995a；Jones & Williams，2000）。其次，创造性毁灭效应是指在创造性毁灭过程中租金由过去的创新者向现有创新者流动的重新分配效应。当一个新产品完全取代旧产品时，会使创新的租金全部流向当前的创新者，导致过去的创新者出局，这种研发活动虽然能够使单个企业获得垄断利润，但对其他企业却造成了研发投资的巨额损失，对于整个经济体来说会造成社会福利的损失和效率的降低（Aghion & Howitt，1992；Jones & Williams，2000）。

这些扭曲效应的存在使得研发投资偏离其能够促进生产率提高的最优规模，而基于这些扭曲效应，多个学者通过数值模拟发现现实中的研发投资规模较最优投资规模通常是偏小的。琼斯（Jones，1995a）和琼斯和威廉姆斯（Jones & Williams，2000）的研究均得到现实中的研发投资规模偏小的结论；但科曼（Comin，2004）研究发现现实中的研发投资规模与最优研发投资规模差别并不大，莱斯和塞凯拉（Reis & Sequeira，2007）基于罗默（Romer，1990）的模型，通过数值模拟甚至发现现实经济中的研发投资规模可能会高于最优研发投资规模。以上数值模拟的结论之所以存在很大差异，主要在于这些学者基于不同的框架、考虑不同的影响因素进行研究。根据琼斯和威廉姆斯（Jones & Williams，2000）比较系统地提出的估算研发投资回报以及求解社会最优研发投资规模的方法和测算结果，发现美国经济中最优研发投资规模是现实中研发投资规模的四倍以上。

2.2.2 不同类别研发投资对企业生产率影响的理论分析

基于研发投资与企业生产率增长的相关理论研究，众多学者进行了更为具体的研究，更加详细地回答了不同类别研发投资对企业生产率产生影响以及如何对其产生影响的问题。在这一类问题的研究中，有些学者将研发投资活动细分为基础研究、应用研究与试验开发，有些学者则将前两种活动合并为研究活动投资（Research Investment）。其中，卡尔德里尼和加罗纳（Calderini & Garrone，2001）研究发现企业内部研究型投资水平的急剧下降会在中长期内降低一个企业维持适当水平技术进步的能力，他们认为虽然在短期内通过试验开发活动开发已有的知识可以改善一个企业的创新绩效，但在中长期内知识存量的消耗会对企业研究活动之后的后续性开发活动产生消极影响，从而不利于企业生产率水平的提升。索尔特和马丁（Salter & Martin，2001）将基础研究能给企业带来的益处分为六种，包括增加有用的知识储备、训练技术型的毕业生、创造新的科学仪器和方法、形成网络并刺激社会成员间的交流、提高解决科技及技术问题的能力以及促进创新创业，其中第一种益处是关于增加新知识的生产，后五种益处则是关于促进形成知识的转化和应用的机制。亨纳德和麦克法登（Henard & Mcfadyen，2005）认为持久的研究型投资能够提升一个企业储备知识的广度和深度，从而有助于企业在面临多个潜在的后续性产品应用路径时能够选择最大化自身绩效的路径，他们强调基础研究项目和应用研究项目均能够提升一个企业的知识储备能力，而企业储备的知识正是一个企业进行产品试验开发的引擎和动力。博恩施泰特等（Bohnstedt et al.，2012）认为研究型投资能够改善一个国家的技术潜质，从而通过两种方式使国内企业受益，一方面其可以促进国内企业平均生产率的提升；另一方面在开放经济环境下，具有较高技术潜质国家的企业能够在贸易中获得竞争优势。由此可见，企业研究型投资活动是试验开发型活动开展的基础，且其通过提升企业知识储备能力，并促进企业的知识吸收、转化和应用能力等多种路径和机制影响企业的生产率增长，相比于试验开发活动，研究型活动对企业提升生产率和技术水平更为重要。卡尼茨基等（Czarnitzki et al.，2009）使用比利时企业的面板数据研究研发投资对专利生产率的影响，发现研究型投资对专利生产率的促进作用明显高于试验开发型投资对其的影响。卡尼茨基等（Czarnitzki et al.，2011）研究发现对研究型活动的过低投资可能会导致明显的生产率下降现象，并随之会对技术进步和经济发展产生不利影响。此外，在曼斯菲尔德（Mansfield，1980）模型的基础上，孙等（Sun et al.，2016）利用经济合作与发展组织（OECD）国家数据测算了不同类型研发投资对生产率的影响效应，发现基础研究对生产率增长的影响比其他两种类型研发投资对生产率的影响滞后期更长一点。尽管并非每一个研究型项目都能产生一个相应的试验开发型项目，但研究型项目总是要建立在已有研究知识的基础之上，可以说，研究型活动是试验开发型活动的基础。

2.3 研发投资异质性的内涵界定

基于以上相关理论基础以及国内外学者对不同类别研发投资活动特点的研究，研究活动与试验开发活动在风险、投资周期、收益独占性、资产的抵押程度、信息不对称程度以及对生产率提升和技术进步的作用机制等方面均存在差异。根据本书的研究思路，以研发投资内部结构（即异质性研发投资比例）为核心出发点，一方面，前向关联外部资金渠道对企业异质性研发投资的影响效应，从资金配置层面理解研究型投资与试验开发型投资的异质性特征；另一方面，后向关联两种类型研发投资对企业生产率的影响效应，从研发投资的产出效率层面理解两种类型研发投资的异质性特征。

从资金配置的层面来看，研究活动与试验开发活动在风险、投资周期、收益独占性、资产的抵押程度、信息不对称程度等层面存在的差异，导致二者的融资约束程度存在显著差异。从定义来看，研究活动是在创新链条中创造知识的活动，其往往伴随着远离市场、较高不确定性、较低专用性和较高外部性的特征，相比而言，试验开发活动目标在于使产品商业化以满足市场需求，其离市场较近、风险较小、收益专用性较高（Czarnitzki et al.，2011）。国内学者的研究认为以研究活动（包括基础研究和应用研究）为主的探索式创新研究一般是企业借助新知识和技术或者脱离原有技术轨迹以迎合新兴市场所进行的创新，其风险高，投资回收期长，而且投资涉及更多的技术机密，创新融资的信息披露不足，从而更不容易获得外部资金的支持，受到的融资约束程度就更高（唐清泉等，2012；Kamien & Schwartz，1978；张建宇，2012）；而以试验开发为主的常规式创新投资强调企业以既有知识、技术为基础，继续开拓现有市场，以满足现有市场为目标，同时挖掘现有市场中可能出现的新需求所进行的创新，它能够有效降低新产品研发和推广风险，为企业带来稳定回报，并且在短时间内得到体现（张峰等，2013；He & Wong，2004）。因此，将研发投资分为研究（包括基础研究和应用研究）型投资与试验开发型投资两种类型的话，与试验开发型投资相比，研究型投资的风险更大、投资周期更长、投资的信息不对称程度更高。唐清泉等（2012）、顾群等（2014）根据卡米恩和施瓦茨（Kamien & Schwarttz，1978）对企业研发异质性的研究，将研发划分为探索式创新（以研究活动为主）和常规式创新（以试验开发活动为主）两种类型，研究发现：两种类型创新投资与现金流的关系均是单调正相关，且探索式创新投资的现金流敏感性要高于常规式创新投资的现金流敏感性。总体来讲，研究型投资面临的融资约束程度比试验开发型投资面临的融资约束程度更高。

从研发投资的产出效率层面来看，研究活动与试验开发活动主要是对企业生产率提升和技术进步的作用机制存在差异。要理解这一方面的差异，我们需从研发活动的完整链条对二者的作用机制进行比较。如果把企业创新活动看作一个完整的过程，研究活动往往是先于试验开发活动。研究活动创造新产品、新技术产生所需要的知识，为企业积累知识，是企业生产率提升和技术进步的源泉和基础动力（Henard & Mcfadyen，2005）。尽管研究活动“远离市场，收益专用性较低，外部性较强”的特征明显，但研究活动的成果以及活动本身还可以用于构筑企业个体乃至企业群体的智库，这对于企业未来的研究将会大有益处（Mansfield et al.，1971）。国外多个学者研究认为研究活动可以提升企业的吸收能力、有助于企业的知识转化过程（Fabrizio，2009；Rosenberg，1990；Lane & Lubatkin，1998；Dyer & Singh，1998）。总之，研究活动可以通过两种方式促进生产率的提高，一方面是其研究成果可以直接作为试验开发活动的投入，进而投入生产；另一方面研究活动能够更大程度地提升企业的吸收能力，从而有效识别内外部信息和知识、促进企业创新活动。而试验开发活动则是通过利用从研究活动获取的知识，直接开发新材料、新产品以满足市场需求。试验开发活动是研发活动的最后一个环节，其目标就在于商业化研究活动的成果（Czarnitzki et al.，2011）。研究活动的成果必须经过试验开发活动才能转化为产品进入市场，从而最终实现生产率的提高，然而没有研究活动作为基础，试验开发活动就是无源之水、无本之木，短期的研究活动缺失似乎影响不到试验开发活动，但长期而言，试验开发活动对研究活动成果的消耗以及研究活动的缺失，必然会阻碍研发投资促进生产率提高的过程。这最终决定了要保持长期的生产率提升和技术进步，对两种类型研发活动的投资均不可或缺，且二者在研发投资中的组成比例需保持一定程度的均衡。综上所述，在研发投资活动的完整链条中，研究型投资活动与试验开发型投资活动不仅通过成果产出直接促进企业生产率的提升，二者还均通过对企业整体研发活动正的溢出效应来进一步促进生产率的提升，且二者相比而言，研究型投资活动由于处于研发链条的前端，其创新活动及成果的基础性、原创性及复杂性更高，与其他产品（产业）关联的节点更多，其对其他产业的带动作用也更大，且其作为试验开发型投资活动开展的基础，研究型投资活动对企业整体创新活动的溢出效应明显更强，这就是二者促进企业生产率增长的作用机制的差异。而正是由于研究型投资与试验开发型投资对企业生产率作用机制的差异，使得二者对企业生产率增长的影响存在互补性。

2.4 本章小结

本章首先通过对融资约束与企业研发投资的相关理论基础的归纳，并基于融资约束下外部资金渠道对企业研发投资影响的理论研究，认为完善的金融体系在试验开发一端的资金配置中存在相对优势，政府研发补贴则在研究活动一端的资金配置中存在相对优势；其次通过对研发投资与企业生产率增长的相关理论基础进行归纳，从研发投资规模对企业生产率的影响和不同类别研发投资对企业生产率的影响来认识研发投资对生产率影响的机理和路径，认为研发投资对企业生产率增长具有决定性的作用，且不同类别研发投资对生产率增长的作用机制存在差异；最后基于以上理论基础，从不同类型研发投资的融资特性差异以及对生产率影响机制的不同两个层面，对研发投资异质性的内涵进行系统的界定，认为研究型投资与试验开发型投资相比，其面临的融资约束程度更高，且相比于后者，前者对企业整体创新活动的溢出效应明显更强，这种对企业生产率作用机制的差异，使得二者对企业生产率增长的影响存在互补性。

3

异质性研发投资对企业生产率影响的理论建模

本章内容旨在基于研发投资的异质性，通过融资约束视角下异质性研发投资对企业生产率增长的理论建模，从资金配置层面前向探究融资约束对企业异质性研发投资组成比例的影响效应，从研发投资的产出效率层面后向探究异质性研发投资对企业生产率增长的影响效应，从而用数理模型说明融资约束视角下异质性研发投资对企业生产率增长的影响路径和机理。首先，通过借鉴阿洪等（Aghion et al.，2005，2010）对长短期投资组成、经济周期与经济增长的模型研究，在考虑两种研发投资的异质性特征的基础上，通过理论建模与求解，分析融资约束下不同外部资金渠道对企业异质性研发投资组成比例的影响效应；其次，依据阿洪等（Aghion et al.，2005，2010）对内生生产率的设定，并借鉴凯姆特（Kemfert，1998）提出的用于分析存在多重因素促进技术进步情况的嵌套固定替代弹性模型（Nested Constant Substitution Elasticity Model）的做法，将研究型投资活动与试验开发型投资活动对生产率增长影响的互补性加入以上模型设定中，以此来研究融资约束视角下异质性研发投资对企业生产率增长的影响机理。

3.1 融资约束对企业异质性研发投资的影响建模

3.1.1 模型基本设定

3.1.1.1 世代交叠模型

在内生经济增长模型中，将“世代交叠模型”（Over Lapping Generation Models，简称 OLG 或 OG 模型）拓展为三期，每一时期都有一单位质量的（one mass of）同质代理人产生，获得资本禀赋 W_t，$i\in[0,1]$ 表示企业家个体的编号。为了分析方便起见，假设企业家只在第三期消费。在第 t 时期，企业家将其获得的资本禀赋（W_t）配置到短期投资（K_t）、长期投资（Z_t）和无风险债券（B_t）。其中，企业家的生命周期可以用图 3.1 表示。

设 T_t 表示内生生产率，可以通过知识溢出的方式在代际间转移，且与财富和投资成正比，表示当期的知识技术水平。本书用 $w_t^i=W_t^i/T_t$，$k_t^i=K_t^i/T_t$，$z_t^i=Z_t^i/T_t$ 和 $b_t^i=B_t^i/T_t$ 分别表示“去趋势”的财富水平、短期投资水平、长期投资水平以及无风险债券投资水平，由于假设代理人是同质的，我们忽略上标 i。

根据以上设定，企业家的预算约束条件为：

$$k_t+z_t+b_t\leqslant w_t \tag{3.1}$$

企业家进行短期投资和长期投资的收益函数分别为 $\pi(k_t)$ 和 $q(z_t)$，两个收益函数属于新古典类型的收益函数，满足条件 $\pi'(k_t)>0>\pi''(k_t)$，$\pi'(0)=\infty$，$\pi'(\infty)=0$；$q'(z_t)>0>q''(z_t)$，$q'(0)=\infty$，$q'(\infty)=0$。这里不妨假设：$\pi(k)=k^\alpha$、$q(z)=z^\alpha$，其中 $\alpha\in(0,1)$ 表示资本份额。于是企业家短期投资和长期投资的收益可以表示为：

$$\prod_t = a_t T_t \pi(k_t^i) \tag{3.2}$$

$$Q_t = E_t a_{t+1} T_t q(z_t^i) \tag{3.3}$$

其中，a_t、a_{t+1}分别表示 t 期和 $t+1$ 期的外生生产力水平，假设其遵循马尔科夫过程，且有$[\underline{a}, \bar{a}] \subseteq \mathbb{R}_+$，将无条件均值规范到1，其条件均值满足 $E_{t-1}a_t = a_{t-1}^{\rho}$，其中参数 $\rho \in (0, 1)$，表示外生生产力的持久性。将企业家的短期投资与长期投资收益分别去“趋势化”得到：

$$\pi_t = a_t \pi(k_t^i) \tag{3.4}$$

$$q_t = E_t a_{t+1} q(z_t^i) \tag{3.5}$$

由此，企业家的效益最大化问题可以表示为：

$$\max_{k,z} [\pi_t + (1+r_t) b_t + q_t] \tag{3.6}$$

$$\text{s. t. } k_t + b_t + z_t \leqslant w_t \tag{3.7}$$

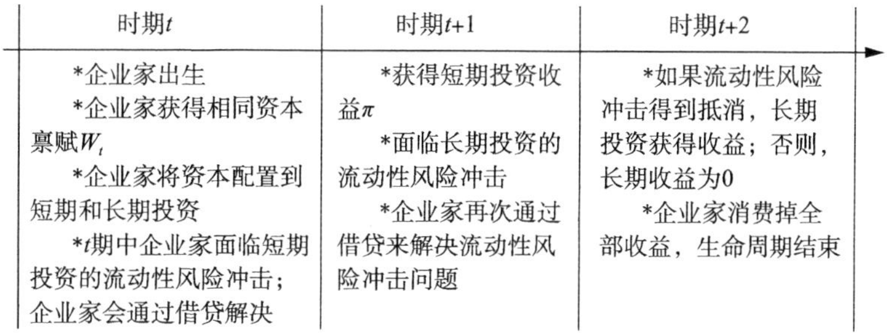

图 3.1　企业家的生命周期

3.1.1.2　流动性风险冲击

在描述流动性风险冲击之前，我们首先对本书中的长短期投资进行定义。根据阿洪等（Aghion et al.，2005，2010）的描述，企业家有两种类型的投资方式，即短期投资和长期投资。其中，短期投资可能是企业家将资金投入当前的产品生产业务，而长期投资可能是开展一个新的产品业务；或者，短期投资可能是企业家将资金用于维护保养已有设备或者购买一个大多数企业家都安装的老式设备，而长期投资则可能是企业家修建一个新的工厂、投资于研发、学习一项新的技能或者采用一项新的技术。由此可见，长期投资与短期投资具有相对性。根据2.3节中对研发投资异质性内涵的界定，两种类型研发投资均能够促进技术进步、提高生产率，不过研究型投资活动是生产率提高和技术进步的源泉和基础动力，试验开发型投资活动的进行要以研究型投资活动的成果为基础，所以研究型投资活动相对试验开发型投资活动来说周期长。根据本书的研究目的，模型中假设企业家的财富全部投资于研发活动，其中，短期投资（K_t）代表试验开发型投资，长期投资（Z_t）代表研究型投资，下文将统一使用试验开发型投资与研究型投资进行描述。

上一节中描述了无流动性风险冲击状态下企业家的收益状况，事实上，在实际经济运行过程中，企业家在创新投资活动中面临着可能失败的风险，创新研发投资活动与普通投资迥异的两个特点即高风险性和高转换成本，因此，企业开展研究型投资或试验开发型投资可能会面临流动性风险冲击问题，且需要支付不同的调整成本来解决。流动性风险冲击可能是一项新的技术在国内市场环境下被采用有必要支付的一项额外成本；或者是企业家需要解决的一个“健康问题①”，否则企业家将不能享受创新投资带来的成果；或者是其他的会使企业家破产的特殊冲击。这里需要说明一下，在阿洪等（Aghion et al.，2005，2010）的研究中，只假设了长期投资面临的流动性风险冲击，然而现实中，企业的短期投资也有可能面临流动性风险冲击。在本书模型中我们修正了这一点，认为短期投资（即试验开发型投资）和长期投资（即研究型投资）均会面临流动性风险冲击，具体设定见下文。因此，在以下模型中，我们设定企业家为获得研究型投资活动和试验开发型投资活动两种类型创新投资

① “健康问题”是指企业运营或投资过程中，运营或投资资金链无法及时获得资金补给的问题。

活动的收益，其需要解决流动性风险冲击，但需要一定数量的资金支持。

在此，我们对两种类型的研发投资活动可能面临的流动性风险冲击及调整成本进行设定。企业家为解决研究型投资和试验开发型投资的流动性风险冲击问题必须支付一个额外的随机调整成本 $C_{i,t}(C_{i,t}>0)$，其中 $i=r$，d 分别表示研究型投资活动和试验开发型投资活动。与之前的设定类似，取 $c_{i,t}=C_{i,t}/T_t$ 为去趋势的随机调整成本，且其在企业家之间和不同阶段之间服从［0，$\bar{c}_i$］独立同分布，累计分布函数（C. D. F）为 F_i，密度函数为 f_i。

企业家预期到 t 时期内会面临一个流动性风险冲击，因此他们在 t 期初会以无风险债券的方式持有一定数量的流动性资产（B_t），用于应对这个流动性风险冲击。为保证 $t+1$ 期的长期研究型投资能够获得收益，我们假设企业家是可以解决短期试验开发型投资面临的流动性风险冲击问题的。下面考虑 t 期内，无风险债券与流动性风险冲击的关系，当流动性风险冲击的调整成本不超过无风险债券价值量时，即 $C_d \leqslant B_t$，企业家可以很容易地解决这个冲击，在这种情况下，t 期末企业家的财富总量可以表示为：

$$W_t=\pi(k_t)+(B_t-C_{d,t})(1+r_t) \tag{3.8a}$$

当流动性风险冲击的调整成本大于无风险债券的价值量时，即 $C_d \geqslant B_t$，企业家预留的无风险债券不能完全应对流动性风险冲击的调整成本，因此，企业家必须从金融市场上获取一定数量的融资资本（$C_{d,t}-B_t$）应对流动性风险冲击的调节成本，在这种情况下，t 期末企业家的财富总量可以表示为：

$$W_t=\pi(k_t)-(C_{d,t}-B_t)(1+r_t) \tag{3.8b}$$

下面讨论企业家 $t+1$ 时期的财富与流动性风险冲击的关系，由上述内容可知，企业家在 $t+1$ 时期可以获得试验开发型投资活动的投资收益和无风险债券收益，于是根据式（3.8a）、式（3.8b），企业家在 $t+1$

期初的财富可以表示为：

$$W_{t+1}=\pi(k_t)+(1+r_t)B_t-C_{d,t}(1+r_t) \quad (3.8)$$

与 t 时期的情况类似，当企业家 $t+1$ 时期的财富 W_{t+1} 超过流动性风险产生的成本 $C_{r,t}$，即 $W_{t+1}\geqslant C_{r,t}$ 时，仅靠企业家自有资本便可以应对流动性风险冲击。反之，则企业家必须在金融市场上获取一定数量的融资资本来应对流动性风险冲击。

3.1.2 模型构建与求解

3.1.2.1 完全市场情况

首先，令 $\mu K_t=C_{d,t}-B_t$，代表企业家在 t 期内解决试验开发型投资活动时投资面临的流动性风险冲击，需要在金融市场上获取的融资资本量，其中 μ 用来表示金融发展程度。根据上一节中假设 $C_{d,t}$ 服从均匀分布，企业家能够解决试验开发型投资面临的流动性风险冲击的概率可以表示如下：

$$p_{dd}=P\{\mu K_t\geqslant C_{d,t}-B_t\}=F_d(B_t+\mu K_t)=(B_t+\mu K_t)/C_d \quad (3.9)$$

由此，t 期末的财富量可以表示为：

$$W_{t+1}=p_{dd}\pi(k_t)+(1+r_t)B_t-C_{d,t}(1+r_t) \quad (3.10)$$

在 $t+1$ 期初，企业家需要从金融市场上获取其期初财富的 $\mu(\mu\geqslant 0)$ 倍融资资本，用以解决长期研究型投资面临的流动性风险冲击成本 $C_{r,t}$，由此可以得到企业家应对研究型投资面临的流动性风险冲击的财富量为：

$$W_1=(1+\mu)W_{t+1}=(1+\mu)\{p_{dd}\pi(k_t)+(1+r_t)B_t-\mu K_t(1+r_t)\} \quad (3.11)$$

根据上节假设 $C_{r,t}$ 服从均匀分布，则企业家可以解决研究型投资活动时投资面临的流动性风险冲击的概率为：

$$p_{rr}=P_r(C_{r,t}\leqslant W_1)=F_r(W_1)=W_1/C_r \quad (3.12)$$

于是，长期投资的期望回报可以表示为：

$$E_t(Y_{t+2})=E_{t+1}p_{rr}a_{t+1}q(z_t) \tag{3.13}$$

因此，企业家的效益最大化问题可以表示为：

$$\max_{(k_t,z_t)}[p_{dd}\pi_t+(1+r_t)b_t-\mu k_t(1+r_t)+E_t(Y_{t+2})]$$
$$\text{s. t. } k_t+b_t+z_t\leqslant w_t \tag{3.14}$$

由于市场是完全的，这意味着企业家不会面临融资约束，即企业家可以获得足够的贷款，并获得长期研究型投资的收益，效益最大化问题式（3.14）可以由式（3.6）和式（3.7）表示。

通过构建拉格朗日（Lagrange）函数对企业家的效益最大化问题进行求解，过程如下：

$$L(k_t,\ z_t,\ b_t,\ \lambda)=p_{dd}\pi_t+(1+r_t)b_t-\mu k_t(1+r_t)+ E_{t+1}p_{rr}a_{t+1}q(z_t)+\lambda(w_t-k_t-z_t-b_t) \tag{3.15}$$

对式（3.15）依次关于 k_t、z_t、b_t 求偏导，可以得到：

$$\frac{\partial L}{\partial k_t}=p_{dd}a_t\pi'(k_t)-\mu(1+r_t)-\lambda=0 \tag{3.16}$$

$$\frac{\partial L}{\partial z_t}=E_ta_{t+1}p_{rr}q'(z_t)-\lambda=0 \tag{3.17}$$

$$\frac{\partial L}{\partial b_t}=1+r_t-\lambda=0 \tag{3.18}$$

根据式（3.16）~式（3.18），可以计算得到企业家效益最优化均衡状态下，短期试验开发型投资相对于长期研究型投资的边际技术替代率为：

$$mrs=\frac{\pi'(k_t)}{q'(z_t)}=\frac{E_ta_{t+1}}{a_t}=a_t^{\rho-1}\frac{p_{rr}(\mu+1)}{p_{dd}} \tag{3.19}$$

在均衡状态下，无风险利率 r_t 会调整到债券的超额需求为零的水平，即 $b_t=0$。于是企业家的预算约束可以进一步简化为：

$$k_t+z_t=w_t \tag{3.20}$$

即企业家将其所有的财富配置到短期的试验开发型投资和长期的研

究型投资。结合前边所设两种类型创新投资的收益函数：$\pi(k)=k^{\alpha}$、$q(z)=z^{\alpha}$，以及式（3.19）、式（3.20），进而可以得到短期试验开发型投资和长期研究型投资的资本量如下：

$$k_t=\frac{mrs^{\frac{1}{\alpha-1}}}{1+mrs^{\frac{1}{\alpha-1}}}w_t,\quad z_t=\frac{1}{1+mrs^{\frac{1}{\alpha-1}}}w_t \tag{3.21}$$

其中，$mrs=a_t^{\rho-1}\frac{p_{rr}(\mu+1)}{p_{dd}}$。由于市场是完全的，企业家需要在金融市场融资时，总能够获得足够的资金支持，因此，企业家均可以在相应时期解决两种类型创新投资所面临的流动性风险冲击，也即 $p_{dd}=1$、$p_{rr}=1$，于是 $mrs=a_t^{\rho-1}(\mu+1)$。同时，这也意味着 $\mu K_t=C_d$、$W_1=C_r$。

3.1.2.2 非完全市场情况

上节讨论了金融市场完全的情况下，企业家在收益最大化的均衡状态下，资本在两种类型创新投资中的配置情况。但在实际中，金融市场的发展程度低、金融功能发展不完善等情况的存在，使企业家在金融市场上为两种类型创新投资进行融资时，往往面临融资约束。在金融市场不完全情况下，企业家 t 期内为解决短期试验开发型投资活动面临的流动性风险冲击，其在金融市场上可获得的融资资本量降低为 $\mu\sigma_d K_t$，其中（$1-\sigma_d$）可以表示企业家在为试验开发型投资进行融资时面临的融资约束程度。因此，企业家在 t 期内能够解决短期试验开发型投资活动面临的流动性风险冲击的概率可以表示为：

$$p'_{dd}=P\{\sigma_d\mu K_t\geqslant C_{d,t}-B_t\}=F_d(B_t+\sigma_d\mu K_t)=(B_t+\sigma_d\mu K_t)/C_d \tag{3.22}$$

由此，可以得到非完全市场下，企业家在 $t+1$ 时期初的财富量为：

$$W'_{t+1}=p'_{dd}\pi(k_t)+(1+r_t)B_t-\mu\sigma_d k_t(1+r_t) \tag{3.23}$$

在 $t+1$ 时期，企业家在金融市场上获得的融资资本与 $t+1$ 期期初财富的比值变为 $\sigma_r\mu$，其中 $0<\sigma_r<1$，σ_r 越趋近于 1 说明融资约束程度越小，σ_r 越趋近于 0 说明融资约束程度越大。同样地，（$1-\sigma_r$）表示企业

家为长期研究型投资进行融资时面临的融资约束程度，此时企业家应对流动性风险冲击的资本量变为：

$$W'_1=(1+\sigma_r\mu)W_{t+1}=(1+\sigma_r\mu)[p'_{dd}\pi(k_t)+(1+r_t)B_t-\mu\sigma_d k_t(1+r_t)] \tag{3.24}$$

由此，企业家在 $t+1$ 期能够解决长期研究型投资活动面临的流动性风险冲击的概率可以表示为：

$$p'_{rr}=F(W'_1)=P_r\{W'_1\geqslant C_r\}=W'_1/C_r \tag{3.25}$$

进而我们可以得到非完全市场下，企业家长期研究型投资的收益为：

$$E_t(Y'_{t+2})=E_{t+1}p'_{rr}a_{t+1}q(z_t) \tag{3.26}$$

因此，非完全市场下企业家的效益最大化问题可以表示为：

$$\max_{(k_t,z_t)}[p'_{dd}\pi(k_t)+(1+r_t)B_t-\mu\sigma_d k_t(1+r_t)+E_t(Y'_{t+2})]$$

$$\text{s. t. } k_t+b_t+z_t\leqslant w_t \tag{3.27}$$

由于在完全市场情况下，企业家可以完全应对流动性风险的冲击，结合式（3.9）、式（3.12）中的隐含条件 $\mu K_t=C_d$、$W_1=C_r$，那么在非完全市场条件下达到均衡时，式（3.22）、式（3.25）可以进一步表示为：

$$p'_{dd}=\sigma_d p_{dd} \tag{3.28}$$

$$p'_{rr}=\frac{1+\sigma\mu}{1+\mu}p_{rr} \tag{3.29}$$

另外，由于完全市场条件下存在隐含条件：$p_{dd}=1$、$p_{rr}=1$，将隐含条件分别代入式（3.28）、式（3.29），并将结果再代入式（3.27），此时企业家的效益最大化问题转化为：

$$\max_{(k_t,z_t)}\left[\sigma_d\pi(k_t)+(1+r_t)B_t-\mu\sigma_d k_t(1+r_t)+\frac{1+\sigma\mu}{1+\mu}E_t(Y_{t+2})\right]$$

$$\text{s. t. } k_t+b_t+z_t\leqslant w_t \tag{3.30}$$

类似地，构建拉格朗日（Lagrange）函数，求解非完全市场条件下企业家将资本在短期试验开发型投资活动和长期研究型投资活动间的配置情况：

$$L(k_t, z_t, b_t, \lambda)=\sigma_d\pi(k_t)+(1+r_t)B_t-\mu\sigma_d k(1+r_t)+\frac{1+\sigma\mu}{1+\mu}q_t(z_t)+\lambda(w_t-k_t-z_t-b_t) \tag{3.31}$$

对式（3.31）依次关于 k_t、z_t、b_t 求偏导，可以得到：

$$\frac{\partial L}{\partial k_t}=\sigma_d a_t\pi'(k_t)-\mu\sigma_d(1+r_t)-\lambda=0 \tag{3.32}$$

$$\frac{\partial L}{\partial z_t}=\frac{1+\sigma_r\mu}{1+\mu}E_t a_{t+1}q'(z_t)-\lambda=0 \tag{3.33}$$

$$\frac{\partial L}{\partial b_t}=1+r_t-\lambda=0 \tag{3.34}$$

根据式（3.32）~式（3.34），可以计算得到非完全市场情况下，企业家效益达到最优均衡状态时，短期试验开发型投资相对于长期研究型投资的边际技术替代率发生变化，可以表示如下：

$$mrs'_{\pi q}=\frac{\pi'(k_t)}{q'(z_t)}=\frac{1+\sigma_r\mu}{1+\mu}a_t^{\rho-1}\,\frac{\sigma_d\mu+1}{\sigma_d} \tag{3.35}$$

结合前边所设两种类型创新投资的收益函数：$\pi(k)=k^{\alpha}$、$q(z)=z^{\alpha}$，以及式（3.20）和式（3.35），可以得到在金融市场不完全情况下，达到均衡时，企业家在短期试验开发型投资和长期研究型投资之间的资本配置情况如下：

$$k'_t=\frac{mrs_{\sigma}^{\frac{1}{\alpha-1}}}{1+mrs_{\sigma}^{\frac{1}{\alpha-1}}}w_t,\quad z'_t=\frac{1}{1+mrs_{\sigma}^{\frac{1}{\alpha-1}}}w_t \tag{3.36}$$

其中 $mrs_{\sigma}=mrs'_{\pi q}=\frac{1+\sigma_r\mu}{1+\mu}a_t^{\rho-1}\,\frac{\sigma_d\mu+1}{\sigma_d}$，见式（3.35）。根据式（3.21）、式（3.36）发现，完全市场条件下与非完全市场条件下相比，k_t 和 z_t 有相同的结构，于是构建辅助函数 $G_1(x)=\frac{x}{1+x}$和 $G_2(x)=$

$\frac{1}{1+x}$，在这里 $x=mrs^{\frac{1}{\alpha-1}}$，对辅助函数关于 x 求导可以得到 $G'_1(x)>0$，$G'_2(x)<0$。

首先，我们分析一下完全市场条件下与非完全市场条件下相比，两种类型创新投资的变化方向。根据构建的辅助函数 $G_1(x)$、$G_2(x)$，式（3.21）和式（3.36）中两种类型创新投资的比较转换为参数 mrs 和 mrs_σ 的比较。为简单起见，我们首先设：

$$\Delta mrs=\frac{mrs_\sigma}{mrs}=\frac{1+\sigma_r\mu}{1+\mu}\times\frac{\sigma_d\mu+1}{\mu+1}\times\frac{1}{\sigma_d} \tag{3.37}$$

通过计算和比较可以发现：当 $\sigma_r<\frac{(1+\mu)^2\sigma_d}{\mu(1+\sigma_d u)}-\frac{1}{\mu}$（其中，由于 $0<\sigma_r<1$，因此要求 $\sigma_d>\frac{1}{1+\mu+\mu^2}$）时，$\Delta mrs<1$，也即 $mrs_\sigma<mrs$，其中 $x=mrs^{\frac{1}{\alpha-1}}$，与完全市场条件下相比，非完全市场条件下的 x 增大，那么根据函数 $G_1(x)$ 和 $G_2(x)$ 的性质，就有 $k'_t>k_t$，$z'_t<z_t$；反之，当 $\sigma_r>\frac{(1+\mu)^2\sigma_d}{\mu(1+\sigma_d u)}-\frac{1}{\mu}\left(\text{其中，由于 }0<\sigma_r<1\text{，因此要求 }\sigma_d<\frac{2}{1+\mu^2}\right)$ 时，$\Delta mrs>1$，我们将得到相反的结果，但是由于长期研究型投资面临的融资约束程度往往比短期试验开发型投资面临的融资约束程度更高，也就是说短期内就能够获得收益的试验开发型投资更容易从金融市场获得融资，则必然有 $\sigma_r<\sigma_d$ 成立，而这与我们得到相反结果的条件矛盾，因此，这种情况将不存在。综上所述，我们可以得到：在总预算约束不变的条件下，与完全市场条件下相比，非完全市场条件下的试验开发型投资 K_t 会增加、研究型投资 Z_t 会减少，也就是说在金融市场发展不完善的情况下形成的对创新投资的融资约束，会导致短期试验开发型投资相对增加、长期研究型投资相对减少。

其次，我们分析一下不同类型创新投资所面临的融资约束程度大小对两种创新投资比例变化的影响。根据以上构建的辅助函数 $G_1(x)$、$G_2(x)$，要分析不同类型创新投资所面临的融资约束程度对两种创新投资的影响，只需要分析 σ_d、σ_r 对 mrs_σ 的影响即可，我们对式（3.35）依次关于 σ_d、σ_r 分别求偏导，可以得到：

$$\frac{\partial mrs_\sigma}{\partial \sigma_d}=-\frac{1+\sigma_r\mu}{1+\mu}\times a_t^{\rho-1}\times\frac{1}{\sigma_d^2}<0 \tag{3.38}$$

$$\frac{\partial mrs_\sigma}{\partial \sigma_r}=\frac{\mu}{1+\mu}\times\frac{\sigma_d\mu+1}{\sigma_d}\times a_t^{\rho-1}>0 \tag{3.39}$$

通过计算和比较可以发现：第一，由式（3.38）看出，σ_d 越大（即试验开发型投资面临的融资约束程度越小），mrs_σ 就越小，根据设定 $x=mrs_\sigma^{\frac{1}{\alpha-1}}$，则 x 就越大，那么根据函数 $G_1(x)$ 和 $G_2(x)$ 的性质，就有 k'_t 越大，z'_t 越小；反之亦然。第二，由式（3.39）看出，σ_r 越大（即研究型投资面临的融资约束程度越小），mrs_σ 就越大，根据设定 $x=mrs_\sigma^{\frac{1}{\alpha-1}}$，则 x 就越小，那么根据函数 $G_1(x)$ 和 $G_2(x)$ 的性质，就有 k'_t 越小，z'_t 越大；反之亦然。综上所述，我们可以看出：在总预算约束不变的条件下，与完全市场条件下相比，在非完全市场条件下，试验开发型投资面临的融资约束程度越小，会导致企业家越大程度地增加短期试验开发型投资 K_t 以及减少长期研究型投资 Z_t，反之亦然；而研究型投资面临的融资约束程度越小，则会使企业家较小程度地增加短期试验开发型投资 K_t 以及减少长期研究型投资 Z_t，反之亦然。

3.1.2.3 政府介入情况

现在考虑这种情况，在金融市场不完全的情况下，由于企业家从金融市场获取创新融资时会存在融资约束，为了鼓励和引导企业家进行创新投资，对于创新型企业，政府在 t 时期之初便给予一定数量的创新资金支持，这里我们用 s_t 代表政府给予企业的研发补贴，$s_t>0$。这将会直接改变企业家的初始资本禀赋，于是企业家的预算约束将发生改变，可以表示为：

$$k_t+z_t+b_t \leqslant w_t+s_t \tag{3.40}$$

当其他条件不发生变化时，根据上一节中的计算结果，在政府介入后达到均衡状态时，企业家在短期试验开发型投资和长期研究型投资之间的资本配置情况如下：

$$k''_t=\frac{mrs_{\sigma}^{\frac{1}{\alpha-1}}}{1+mrs_{\sigma}^{\frac{1}{\alpha-1}}}(w_t+s_t),\ z''_t=\frac{1}{1+mrs_{\sigma}^{\frac{1}{\alpha-1}}}(w_t+s_t) \tag{3.41}$$

与式（3.21）相比，根据上一节中的计算和比较，可以发现：$mrs_{\sigma}<mrs$，其中 $x=mrs^{\frac{1}{\alpha-1}}$，于是与完全市场条件下相比，非完全市场条件下的 x 增大，那么根据函数 $G_1(x)$ 和 $G_2(x)$ 的性质，就有 $\frac{mrs_{\sigma}^{\frac{1}{\alpha-1}}}{1+mrs_{\sigma}^{\frac{1}{\alpha-1}}}>\frac{mrs^{\frac{1}{\alpha-1}}}{1+mrs^{\frac{1}{\alpha-1}}}$，$\frac{1}{1+mrs_{\sigma}^{\frac{1}{\alpha-1}}}<\frac{1}{1+mrs^{\frac{1}{\alpha-1}}}$；同时在政府介入后，由于预算约束发生变化，与式（3.21）相比，$(w_t+s_t)>w_t$。因此，我们可以明显地得到 $k''_t>k_t$，但是 z''_t 与 z_t 的大小不确定。根据以上分析，z''_t 与 z_t 的大小取决于金融市场完全与非完全条件下两种投资边际技术替代率的变化程度以及政府研发补贴对企业家创新投资预算约束的扩大效应。根据上一节中关于不同类型创新投资所面临的融资约束程度大小对两种创新投资比例变化的影响分析，两种创新投资边际技术替代率的变化程度受到不同类型创新投资所面临的融资约束程度大小的影响。综上所述，我们可以发现：与完全市场条件下的结果相比，在非完全市场条件下，政府对企业创新投资实施补贴后，更有助于促进企业短期试验开发型投资的增加，但由于融资约束的存在，政府研发补贴的介入对企业长期研究型投资的作用方向不明确。

与式（3.36）相比，式（3.41）中只有预算约束发生了变化，预算约束由原来的 w_t 变为 (w_t+s_t)，其中 $s_t>0$，因此，可以得到：在非完全市场条件下，政府对企业创新投资实施补贴后，$k''_t > k'_t$，$z''_t > z'_t$，但由于两种投资间边际技术替代率 mrs_σ 并没有发生变化，因此，政府研发补贴虽然促进了两种类型的创新投资，但并不改变两种投资的比例关系。

3.1.3 影响的结果分析

融资约束对企业异质性研发投资组成比例的影响效应，主要是指在融资约束下不同外部资金渠道通过影响企业长短期创新投资的数量变化，对企业研发投资的组成比例产生影响，根据以上模型求解的结果，我们将基于中国金融发展的现状，从以下两个方面分析融资约束下两种外部资金渠道对企业异质性研发投资组成比例的影响效应。

3.1.3.1 融资约束下金融部门资金对企业异质性研发投资的影响效应

企业研发投资需要大量资金长期持续性地投入，资金供应不足有可能会导致研发活动中断甚至半途而废。因此，研发活动的资金风险是企业家决策时所必须考虑的，而因商业周期导致的企业自身利润的波动以及企业自身资金的有限性，使得企业仅依靠自身资金无法满足研发活动的资金需求（解维敏等，2011）。因此，金融部门资金的可获得性对于企业研发活动的决策和持续进行相当重要。然而由于金融发展水平的限制以及研发投资的高风险和信息不对称，导致企业家在为研发投资获取金融市场融资时，往往面临融资约束。

就目前中国的金融发展现状来讲，中国金融体系发展不完善，银行仍占据主导地位，金融部门动员储蓄的能力强、配置资本的效率低，其基本上不具备金融衍生功能。从“金融结构论”的视角可以发现中国当前的结构存在失衡的问题。韩剑和严兵（2013）的研究就认为中国金融结构存在着严重的失衡问题，间接融资比重过高，科技金融服务滞后，这在很大程度上导致高风险的研发创新活动缺乏金融支持，制约了我国企业的转型和升级。且许多研究表明中国企业的创新能力与其可获得的金融融资资源呈现明显的不匹配性，即一方面，国有企业的创新效率和生产效率远远低于民营企业，民营企业家较之国有企业的经营者更具有企业家的创新精神（刘小玄，2003；吴延兵，2008，2012；Jefferson et al.，2006；江春等，2013）；而另一方面，具有较低生产效率和创新效率的国有企业却拥有特权，能优先获得银行信贷，还享受着较低的利率，而民营企业能够获得的信贷资源却非常少（卢峰等，2004；邵挺，2010；Guariglia & Poncet，2008；Hasan et al.，2009）。从“金融功能观”的视角，纵观近三十年中国金融发展的演进过程，中国金融发展虽已实现从动员性扩张向市场配置的转变，但由于中国金融效率相对低下，金融体系呈现出“量性增长有余、质性发展不足”的局面（沈军等，2013）。也就是说，中国金融体系的功能虽已得到一定程度的扩展，不再只是执行基本的服务和中介功能的主体，但是金融发展通过金融资源配置的改进来促进经济增长与经济效率提升的程度仍然很低，中国金融体系功能的提升非常有限。具体而言，一方面，金融控制以及国家救助承诺形成的“软预算约束”使得正规金融体系获得的金融权利与其责任与压力严重不对称，巨额利差补贴又扭曲了国有银行的利益激励机制，由此形成了正规金融体系的轻率信贷行为和粗疏管理流程（张杰，2008）。在此情况下，金融机构没有开发和使用先进风险计量工具、方法确定产品报价的动力，表现为提升自身风险识别、风险度量和风险组合管理基本技能的内在需求不足。另一方面，由正规金融扩张信贷流向私人部门的信贷资金以商业信用（非正规金融）的形式在企业间流动，虽然对正规金融体系做了有益补充（张杰等，2013），但这种非正规金融主要以企业信用为依托，信用链条中任何一个环节的中断都可能使整个链条受到影响，且这种补充并不能完全弥补整体金融发展滞后给实体经济发展带来的抑制效应，张杰等的研究就表明中国金融体系的压制特征和金融发展的滞后，对中小民营企业研发投入造成了显著的抑制效应（张杰等，2012）。显然，这种发展水平的金融体系没有能力去筛选更有创新能力的企业家，并对企业家的技术创新能力进行事前评估，也没有能力为防止企业家欺骗行为而对投资项目进行监督并形成合理的公司治理结构，可以说，中国的金融体系还没有成为着眼于为具有创新精神的企业家提供服务以实现资源合理配置的金融体系。

发达的金融市场通过甄别创新信息、配置创新资金、分散风险和共享收益等方式促进企业的创新活动，如果金融市场的效率低下，企业的技术模仿、技术创新等活动都会受到严重影响，特别是当企业从技术模仿阶段升级至技术创新阶段，它所采用的技术将越来越复杂，创新投入所需的资本、产品生产和市场规模越来越大（戴静等，2013）。从非完全市场下与完全市场下模型求解的结果比较，我们可以看出：首先，当金融发展水平不完善时，最终对企业异质性研发投资产生的影响效应是：长期研究型投资 Z_t 的减少和短期试验开发型投资 K_t 的增加；其次，由于处于同一金融发展水平下，研究型投资相对于试验开发型投资，其周期长、风险大、收益的独占性低的特点决定了其面临的融资约束程度要远高于试验开发型投资面临的融资约束程度。此外，由于研究型投资周期更长，要想获得成功，其更需要金融部门持续性的资金支持，且研究型投资活动涉及基础性、高技术含量的研发投资，作为技术进步的源泉和动力，其属于开拓性的创新活动，其所需的资本、产品生产和市场规模越来越大，那么，相对于周期较短、复杂性较低的试验开发型投资活动，金融市场的发展水平对研究型投资的影响会更大。从不同类型创新投资所面临的融资约束程度大小对两种创新投资比例变化的影响分析可以看出，研究型投资相对于试验开发型投资，其面临的融资约束程度越大，会导致企业家更大程度地增加短期试验开发型投资 K_t 以及减少长期研究型投资 Z_t，也就是加大了非完全市场下对企业异质性研发投资比例产生的影响效应。因此，在研发投资总预算约束不变的情况下，金融市场发展不完全，会导致企业家长期研究型投资 Z_t 的减少和短期试验开发型投资 K_t 的增加，且金融发展水平较低时会进一步放大这种影响效应。

3.1.3.2　融资约束下政府补贴对企业异质性研发投资的影响效应

作为研发投资的重要外部资金来源之一，政府研发补贴存在的最初原因以及政府对企业研发补贴资金的有限性，决定了政府研发补贴资金对企业两种异质性研发投资的介入程度应该有所差异，政府研发资金的介入主要是为了发挥引导作用，企业研发投资的持续进行并不能依赖于政府研发补贴。政府对企业进行研发补贴的出发点是为了补偿研发投资的社会收益与私人收益差距给企业带来的风险和收益损失，比较研究型投资活动与试验开发型投资活动的特点，前者侧重于基础性、原创性的知识研究，其远离市场、不确定性较高、专用性较低、外部性较高，属于探索式的创新；后者侧重于实现技术与知识的商业化，从而满足市场需求，其离市场较近、风险较小、收益专用性较高，属于常规式的创新，由此可见研究型投资活动创新成果的社会收益率要高于试验开发型投资活动，且根据二者的异质性特征可以发现，当研究型投资面临流动性风险冲击时，其从金融市场更不容易获得资金支持，因此，政府的研发补贴应该更加侧重于企业的研究型投资活动。然而，从政府介入情况下模型求解的结果可以发现，政府研发补贴只是增加了企业家的初始资本禀赋（或者说是初始的现金流量），根据式（3.41）与式（3.21）、式（3.36）比较后的分析，可以看出：从与式（3.21）相比的结果来看，与完全市场条件下的结果相比，在非完全市场条件下，政府对企业创新投资实施补贴更有助于促进企业短期试验开发型投资的增加，但由于融资约束的存在，政府研发补贴的介入对企业长期研究型投资的作用方向不明确；与式（3.36）相比，式（3.41）中只有预算约束发生了变化，预算约束由原来的 w_t 变为（w_t+s_t），其中 $s_t>0$，因此，在非完全市场条件下，政府对企业创新投资实施补贴后，$k''_t>k'_t$，$z''_t>z'_t$，但由于两种投资间边际技术替代率 mrs_{σ} 并没有发生变化，因此，政府研发补贴虽然促进了两种类型的创新投资，但并不改变两种投资的比例关系。从以上结果可以看出，在任何条件下，由于政府研发补贴并不能改变两种投资间的边际技术替代率，因此，在同等金融发展条件下，政府研发补贴不能改变两种投资的比例关系，对企业异质性研发投资比例关系不存在影响效应。同时，与完全市场条件下的结果相比，非完全市场条件下政府研发补贴的介入，在一定程度上缓解了金融发展不完全对企业异质性研发投资比例关系产生的影响效应，即企业家长期研究型投资 Z_t 的减少和短期试验开发型投资 K_t 的增加，但从上一节分析中可以看出，金融发展水平较低会放大这种影响效应，从而也会相应减小政府研发补贴对这种影响效应的缓解作用，因此，政府研发补贴能否有效发挥其应有的功能，主要依赖于一国金融发展水平的高低。

3.2 异质性研发投资对企业生产率的影响建模

融资约束视角下异质性研发投资对企业生产率影响的理论建模依托3.1节中融资约束对企业异质性研发投资的影响结果展开，以下模型基本设定、模型的构建与求解过程中将不再对上一节已有的设定内容和推导过程进行重复叙述，只对新增的内容进行叙述，只在影响的结果分析中结合3.1节结果阐释融资约束视角下异质性研发投资对企业生产率的影响路径和机理。

3.2.1 模型基本设定

根据3.1.1节关于内生生产率 T_t 的设定，其可以通过知识溢出的方式在代际间转移，也就是说，内生生产率是由技术进步驱动的，其代表的是知识技术水平，是由研究型投资活动和试验开发型投资活动共同推动的。阿洪等（Aghion et al.，2005，2010）将内生生产率表示为研发投资的函数，但并未将研发投资细分为研究型投资和试验开发型投资两种异质性研发投资，也未将二者的互补性对内生生产率的影响考虑在内，即研究型投资活动的成果必须经过试验开发型投资活动才能转化为产品进入市场，从而最终实现生产率的提高，而没有研究型投资活动作为基础，试验开发型投资活动就是无源之水、无本之木，短时期内研究型投资活动缺失似乎影响不到试验开发型投资活动，但长期而言，试验开发型投资活动对研究型投资活动成果的消耗以及研究型投资活动的缺失，必然会阻碍研发投资促进生产率提高的过程，也就说两种异质性研发投资在研发投资中的组成比例需保持一定程度的均衡才能有效促进生产率的提升。

基于此，通过参考凯姆特（Kemfert，1998）提出的用于分析存在多重因素促进技术进步情况的嵌套固定替代弹性模型（Nested Constant Substitution Elasticity Model），并借鉴范如国和蔡海霞（2012）运用凯姆特（Kemfert，1998）提出的嵌套固定替代弹性生产函数分析多种投入要素之间以及其与企业创新产出之间的复杂关系的研究，以及傅晓霞与吴利学（2013）运用迪克西特和斯蒂格利茨（Dixit & Stiglitz，1977）要素组合方式并使用固定替代弹性模型刻画技术进步可能性边界，并以此分析国内技术研发和国外 FDI 技术溢出对技术创新进步影响的做法，本书将研究型投资活动与试验开发型投资活动的互补性对企业生产率增长的影响考虑在内，以此来研究异质性研发投资对企业生产率增长的影响。类似地，这一部分内容旨在描述异质性研发投资组成比例的变化，即研究型投资和试验开发型投资在总研发投资中的组成比例变化对企业生产率增长的影响，根据上述学者的做法以及阿洪等（Aghion et al.，2005，2010）界定的内生生产率的内涵，对内生生产率的设定如下：

$$T_{t+1} = \int T_t e^{\left\{ \tau k^{\frac{\varepsilon-1}{\varepsilon}} + (1-\tau) z^{\frac{\varepsilon-1}{\varepsilon}} \right\}^{\frac{\varepsilon}{\varepsilon-1}}} \tag{3.42}$$

其中，τ 和 $1-\tau$ 分别表示研发投资中短期试验开发型投资和长期研究型投资对内生生产率进步的贡献强度，$0<\varepsilon<1$ 表示研发投资在促进内生生产率提升的过程中，研究型投资活动与试验开发型投资活动之间是互补的，即两种类型研发投资行为对内生生产率增长的影响是互补的。两种类型研发投资行为对内生生产率增长影响的互补机制主要是基于研究型投资活动与试验开发型投资活动对生产率提升和技术进步的作用机制差异性提出的。研究型投资活动创造新产品、新技术产生所需要的知识，为企业积累知识，是企业生产率提升和技术进步的源泉和基础动力（Henard & Mcfadyen，2005）。尽管研究型投资活动“远离市场，收益专用性较低，外部性较强”的特征明显，但研究型投资活动的成果以及活动本身还可以用于构筑企业个体乃至企业群体的智库，这对于企业未来的研究将会大有益处（Mansfield et al.，1971）。国外多个学者研究认为研究型投资活动可以提升企业的吸收能力，有助于企业的知识转化过程（Fabrizio，2009；Rosenberg，1990；Lane & Lubatkin，1998；Dyer & Singh，1998）。总之，研究型投资活动可以通过两种方式促进生产率的提高，一方面是其研究成果可以直接作为试验开发型投资活动的投入，进而投入生产；另一方面研究型投资活动能够更大程度地提升企业的吸收能力，从而有助于企业有效识别内外部信息和知识、促进企业创新活动。而试验开发型投资活动则是通过利用从研究型投资活动获取的知识，直接开发新材料、新产品以满足市场需求。短期试验开发型投资活动是研发活动的最后一个环节，其目标就在于对长期研究型投资活动的成果进行商业化（Czarnitzki et al.，2011）。可以说，短期试验开发型投资活动以已有的长期研究型投资活动的知识成果作为基础才能进行，长期研究型投资活动的成果要想进入市场并获得收益也必须要经过短期试验开发型投资活动才能实现。因此，要明确异质性研发投资对企业生产率增长的作用机制和影响机理，长期研究型投资活动与短期试验开发型投资活动间的互补性必须考虑在内。

由于假设代理人是同质的，根据式（3.42）可以得出内生生产率的增长变化为：

$$g=\{\tau k^{\frac{\varepsilon-1}{\varepsilon}}+(1-\tau)z^{\frac{\varepsilon-1}{\varepsilon}}\}^{\frac{\varepsilon}{\varepsilon-1}} \tag{3.43}$$

3.2.2 模型构建与求解

根据以上设定，我们首先分别分析一下短期试验开发型投资和长期研究型投资对企业生产率增长的影响作用，对式（3.43）分别关于短期试验开发型投资 k 和长期研究型投资 z 求一阶偏导数、二阶偏导数，得到如下四个式子：

$$\frac{\partial g}{\partial k}=\tau\times k^{-\frac{1}{\varepsilon}}\times\{\tau k^{\frac{\varepsilon-1}{\varepsilon}}+(1-\tau)z^{\frac{\varepsilon-1}{\varepsilon}}\}^{\frac{1}{\varepsilon-1}} \tag{3.44}$$

$$\frac{\partial g}{\partial z}=(1-\tau)\times z^{-\frac{1}{\varepsilon}}\times\{\tau k^{\frac{\varepsilon-1}{\varepsilon}}+(1-\tau)z^{\frac{\varepsilon-1}{\varepsilon}}\}^{\frac{1}{\varepsilon-1}} \tag{3.45}$$

$$\begin{aligned}\frac{\partial^2 g}{\partial k^2}=&-\tau\times\frac{1}{\varepsilon}\times k^{-\frac{1+\varepsilon}{\varepsilon}}\times\{\tau k^{\frac{\varepsilon-1}{\varepsilon}}+(1-\tau)z^{\frac{\varepsilon-1}{\varepsilon}}\}^{\frac{1}{\varepsilon-1}}+\tau^2\times\\&\frac{1}{\varepsilon}\times k^{-\frac{2}{\varepsilon}}\{\tau k^{\frac{\varepsilon-1}{\varepsilon}}+(1-\tau)z^{\frac{\varepsilon-1}{\varepsilon}}\}^{\frac{2-\varepsilon}{\varepsilon-1}}\end{aligned} \tag{3.46}$$

$$\begin{aligned}\frac{\partial^2 g}{\partial z^2}=&-(1-\tau)\times\frac{1}{\varepsilon}\times z^{-\frac{1+\varepsilon}{\varepsilon}}\times\{\tau k^{\frac{\varepsilon-1}{\varepsilon}}+(1-\tau)z^{\frac{\varepsilon-1}{\varepsilon}}\}^{\frac{1}{\varepsilon-1}}+(1-\tau)^2\times\\&\frac{1}{\varepsilon}\times z^{-\frac{2}{\varepsilon}}\{\tau k^{\frac{\varepsilon-1}{\varepsilon}}+(1-\tau)z^{\frac{\varepsilon-1}{\varepsilon}}\}^{\frac{2-\varepsilon}{\varepsilon-1}}\end{aligned} \tag{3.47}$$

通过计算和比较可以发现，式（3.44）中$\frac{\partial g}{\partial k}>0$和式（3.45）中$\frac{\partial g}{\partial z}>0$，但是式（3.46）与式（3.47）的正负方向无法确定，由此可以看出，两种类型异质性研发投资资本数量的增加均能够促进生产率增长，但是两者对生产率增长的边际影响效果无法确定。

其中，由于研发投资的总预算约束是固定的，且这一部分内容要在考虑长期研究型投资活动与短期试验开发型投资活动的互补性对企业内生生产率增长影响的情况下，分析异质性研发投资对企业生产率增长影响的作用机制。而两种类型异质性研发投资的互补性对企业生产率增长影响的方式，在于当研发投资总预算不变时两种类型异质性研发投资之间的比例发生变化。因此，我们需要引入长期研究型投资与短期试验开发型投资的资本投入比例这一变量。我们用 kz 代表短期试验开发型投资与长期研究型投资的资本投入比例，令 $kz=k/z$，由公式可以明显地看出，两种类型异质性研发投资的资本投入比例 kz 与长期研究型投资 z 呈正相关关系，与短期试验开发型投资 k 呈负相关关系。因此，式（3.43）内生生产率的增长变化可以进一步表示如下：

$$\gamma=g/k=\{\tau+(1-\tau)kz^{\frac{\varepsilon-1}{\varepsilon}}\}^{\frac{\varepsilon}{\varepsilon-1}} \tag{3.48}$$

对式（3.48）关于 kz 求一阶、二阶导数，可以得到以下两个式子：

$$\frac{\mathrm{d}\gamma}{\mathrm{d}kz}=(1-\tau)kz^{-\frac{1}{\varepsilon}}\{\tau+(1-\tau)kz^{\frac{\varepsilon-1}{\varepsilon}}\}^{\frac{1}{\varepsilon-1}} \tag{3.49}$$

$$\frac{\mathrm{d}^2\gamma}{\mathrm{d}kz^2}=-\tau(1-\tau)\frac{1}{\varepsilon}kz^{-\frac{\varepsilon+1}{\varepsilon}}\{\tau+(1-\tau)kz^{\frac{\varepsilon-1}{\varepsilon}}\}^{\frac{2-\varepsilon}{\varepsilon-1}} \tag{3.50}$$

通过计算和比较可以发现，一阶导数式（3.49）中 $\frac{\mathrm{d}\gamma}{\mathrm{d}kz}>0$，二阶导数式（3.50）中 $\frac{\mathrm{d}^2\gamma}{\mathrm{d}kz^2}<0$。由此可以看出：企业生产率的增长首先随着短期试验开发型投资与长期研究型投资的资本投入比例 kz 的增长而提高，当到达一个顶点时，其将随着短期试验开发型投资与长期研究型投资的资本投入比例 kz 的增长而降低。

3.2.3 影响的结果分析

从研发投资的产出视角来看，研究型投资活动与试验开发型投资活动促进企业生产率增长的作用机制存在差异，长期研究型投资活动可以通过两种方式促进企业生产率的提高，一方面是其研究成果可以直接作为短期试验开发型投资活动的投入、进而投入生产；另一方面长期研究型投资活动能够更大程度地提升企业的吸收能力，从而有助于企业有效识别内外部信息和知识，促进企业创新活动，而试验开发型投资活动则是通过利用从研究型投资活动获取的知识，直接开发新材料、新产品以满足市场需求，从而在实现研发成果商业化的过程中提高企业生产率。由此可以看出，在研发创新活动促进企业生产率提升的过程中，长期研究型投资活动与短期试验开发型投资活动存在一定程度的互补性，正是这种互补性决定了总研发投资中，长期研究型投资与短期试验开发型投资需保持比例的平衡，从而研发创新活动才能有效促进企业生产率的增长。

通过 3.2.2 中模型计算的结果，可以看出：短期试验开发型投资与长期研究型投资的资本投入比例 kz 对生产率增长的影响是非线性的，且是“凹”的，这就说明在区间（0，$+\infty$）内，两种类型投资的资本投入比例 kz 对生产率增长的影响首先是正向作用，然后到达一个拐点后变为负向作用，短期试验开发型投资比例的增加最初是促进生产率提升的，但到达一个顶点时，试验开发型投资比例的增加将不利于生产率的增长，这说明了没有长期研究型投资活动的成果作为基础，试验开发型投资活动可以说是无源之水、无本之木，其投资比例的过度增加并不能有效转化为企业生产率的提高。

接下来，我们结合 3.1 和 3.2 模型求解的结果分析融资约束下异质性研发投资对企业生产率的影响机理。结合 3.1 节中融资约束下不同外部资金渠道对企业异质性研发投资的影响效应，我们分别对金融市场完全情况下和金融市场不完全情况下的结果进行比较。首先，在金融市场完全情况下，企业家借贷资金的数额不受限制，企业家作为理性经济人，在预算不变情况下两种异质性研发投资的资本配置比例计算出的企业生产率增长 g^* 是最优的，根据以上求解的结果，最优企业生产率增长的 g^* 见以下一组式子：

$$
\begin{cases}
k_t = \dfrac{mrs^{\frac{1}{\alpha-1}}}{1+mrs^{\frac{1}{\alpha-1}}} w_t,\ \ z_t = \dfrac{1}{1+mrs^{\frac{1}{\alpha-1}}} w_t & (3.21) \\
\text{其中，} mrs = a_t^{\rho-1} \dfrac{p_{rr}(\mu+1)}{p_{dd}}\text{。} & \\
g^* = \{\tau k^{\frac{\varepsilon-1}{\varepsilon}} + (1-\tau) z^{\frac{\varepsilon-1}{\varepsilon}}\}^{\frac{\varepsilon}{\varepsilon-1}} & (3.43)
\end{cases}
$$

其次，在金融市场发展不完全情况下，企业家外部融资存在融资约束时，企业生产率增长 g^* 会随着两种异质性研发投资比例的变化而发生相应变化。结合以上求导的结果以及求解的结果，非完全金融市场条件下的结果见以下一组式子。根据式（3.36）、式（3.51）、式（3.52）的结果，与完全金融市场条件相比，当金融市场不完全时，融资约束会导致长期研究型投资 z 减少、短期试验开发型投资 k 增加，也就是 kz 相对于完全金融市场的最优水平提高了，这将对企业生产率的边际增长产生负向影响，且金融发展水平越低，这种负向影响越明显。

$$
\begin{cases}
k'_t = \dfrac{mrs_\sigma^{\frac{1}{\alpha-1}}}{1+mrs_\sigma^{\frac{1}{\alpha-1}}} w_t,\ \ z'_t = \dfrac{1}{1+mrs_\sigma^{\frac{1}{\alpha-1}}} w_t & (3.36) \\
\text{其中，} mrs_\sigma = \dfrac{1+\sigma_r \mu}{1+\mu} a_t^{\rho-1} \dfrac{\sigma_d \mu+1}{\sigma_d}\text{。} & \\
g' = \{\tau k^{\frac{\varepsilon-1}{\varepsilon}} + (1-\tau) z'^{\frac{\varepsilon-1}{\varepsilon}}\}^{\frac{\varepsilon}{\varepsilon-1}} & (3.51) \\
\dfrac{\partial g}{\partial k}>0,\ \dfrac{\partial g}{\partial z}>0,\ \dfrac{\mathrm{d}\gamma}{\mathrm{d}kz}>0,\ \dfrac{\mathrm{d}^2\gamma}{\mathrm{d}kz^2}<0 & (3.52)
\end{cases}
$$

结合以上求导的结果以及求解的结果，非完全金融市场条件下政府介入后的结果见以下一组式子：

$$\begin{cases} k''_t = \dfrac{mrs_\sigma^{\frac{1}{\alpha-1}}}{1+mrs_\sigma^{\frac{1}{\alpha-1}}} \ (w_t+s_t),\ z''_t = \dfrac{1}{1+mrs_\sigma^{\frac{1}{\alpha-1}}} \ (w_t+s_t) & (3.41) \\ \text{其中，} mrs_\sigma = \dfrac{1+\sigma_r \mu}{1+\mu} a_t^{\rho-1} \dfrac{\sigma_d \mu+1}{\sigma_d}\text{。} & \\ g'' = \{\tau k^{\frac{\varepsilon-1}{\varepsilon}} + (1-\tau) z''^{\frac{\varepsilon-1}{\varepsilon}}\}^{\frac{\varepsilon}{\varepsilon-1}} & (3.53) \\ \dfrac{\partial g}{\partial k}>0,\ \dfrac{\partial g}{\partial z}>0,\ \dfrac{\mathrm{d}\gamma}{\mathrm{d}kz}>0,\ \dfrac{\mathrm{d}^2\gamma}{\mathrm{d}kz^2}<0 & (3.52) \end{cases}$$

根据式（3.41）、式（3.53）、式（3.52）的结果，政府介入后，由于政府研发补贴仅仅增加了企业家的现金持有，并不能对异质性研发投资的分配比例产生影响。因此，政府研发补贴并不能有效改善融资约束对企业生产率产生的负向影响。

综上所述，融资约束下异质性研发投资对企业生产率的影响机理在于：一方面，金融发展不完善导致企业两种异质性研发投资之间边际技术替代率的变化引起的二者投资比例的不平衡，由此对企业生产率产生负向影响；另一方面，金融发展水平不完善直接导致政府补贴缓解企业研发融资约束功效的减小甚至失效，政府补贴的介入并不能改善不完全金融市场下两种异质性研发投资比例，并且由于长期研究型投资对融资约束的反应更为敏感，预算约束的增加可能会进一步加大两种异质性研发投资之间的差距（即短期试验开发型投资更多，长期研究型投资更少），这又进一步加剧了对企业生产率增长的负向影响。

3.3 本章小结

本章使用数理模型研究融资约束视角下异质性研发投资对企业生产

率的影响机理。在这一章，我们对熊彼特增长模型进行了修正，一方面，在阿洪等（Aghion et al.，2005，2010）的模型基础上加入短期投资的流动性冲击问题，在考虑两种研发投资异质性特征的基础上，分析融资约束下不同外部资金渠道对企业异质性研发投资的影响；另一方面，借鉴凯姆特（Kemfert，1998）提出的用于分析存在多重因素促进技术进步情况的嵌套固定替代弹性模型的做法，将研究型投资活动与试验开发型投资活动对企业生产率增长影响的互补性加入阿洪等（Aghion et al.，2005，2010）的模型对企业生产率的设定中，以此来研究融资约束视角下异质性研发投资对企业生产率的影响机理。通过对数理建模的求解结果进行分析后发现：金融发展水平较低导致的企业异质性研发投资比例的变化会对企业生产率增长产生负向影响，且政府研发补贴的有效性依赖于金融发展水平的高低。

4

异质性研发投资对企业生产率影响的路径分析

本章内容旨在通过分析中国企业异质性研发投资的现状、融资约束下两种异质性研发投资比例失衡的问题以及中国巨大规模研发投资对生产率影响特征的成因，揭示现实背景后隐含的经济参与人行为对不同类型异质性研发资金配置比例的影响以及由此对企业生产率产生的影响。首先，基于同一时期、同一工业化发展阶段对中国企业研发投资规模及两种异质性研发投资现状进行多类别指标的多维度的数据比较；其次，结合两种异质性研发投资的融资特性差异、不同外部资金渠道的功能优势差异以及中国当前金融发展的现状，对融资约束下两种异质性研发投资比例失衡的问题进行分析；最后，通过测度和分析中国企业研发投资与生产率关系的特征及其成因，理顺本书研究问题及研究对象之间的内在逻辑和影响路径。

4.1 中国企业异质性研发投资的现状分析

4.1.1 研发投资规模的测度与比较

我们通过数据分析对中国企业研发投资规模现状进行描述。表 4.1 显示了 2007—2013 年主要经济体 GERD（国内研发支出总额）的规模比较，表 4.2 显示了 2007—2013 年主要经济体 GERD（国内研发支出总额）的强度比较。从表 4.1 可以看出，按照购买力平价水平计算，中国的 GERD（国内研发支出总额）在 2009 年就达到了 1852.667 亿美元，超过日本 1369.54 亿美元的水平，仅次于美国（4064.05 亿美元），居世界第二位，且在 2007—2013 年中国的 GERD（国内研发支出总额）以平均超过 14%的增长率提高；从表 4.2 可以看出，2007—2013 年中国的 GERD（国内研发支出总额）强度也保持着高速增长的态势，2012 年中国的 GERD（国内研发支出总额）强度水平就已经超过欧盟 28 国平均水平，2013 年中国 GERD（国内研发支出总额）强度已达到 2.02%，高于欧盟 28 国平均 1.93%的投入强度，与美国（2.74%）、日本（3.48%）的投入强度也相距较近，已经达到中等发达国家的水平。其中，企业是各国研发经费投入的主体，据统计，表 4.2 中主要经济体企业研发投资占比分布在 60%~77%的范围内，而中国企业研发投资占 GERD（国内研发支出总额）的比重已达到 74.6%。综上所述，中国企业研发投资规模庞大，从总量和强度层面均已达到世界前列。

表 4.1　2007—2013 年主要经济体 GERD 的规模比较　单位：百万美元

	2007 年	2008 年	2009 年	2010 年	2011 年	2012 年	2013 年
中国	124187.1	146126.6	185266.7	213460.1	247808.3	292062.9	333521.6
美国	380316.0	407238.0	406405.0	410093.0	428745.0	436078.0	456977.0
日本	147602.3	148719.2	136954.0	140607.4	148389.2	152325.6	162347.3
德国	74015.66	81970.66	82873.77	87966.07	96369.64	100697.1	102573.0
法国	44011.44	46547.85	49741.11	50764.99	53428.41	54829.85	57986.79
英国	38731.05	39396.93	39420.23	38165.61	39132.65	38811.94	41743.39
韩国	40640.27	43906.41	45987.25	52172.78	58379.65	64862.49	68051.50
加拿大	24742.00	24911.90	25046.83	25048.23	25674.58	26278.98	26303.76
意大利	22315.01	24076.15	24640.89	25168.91	25769.28	27164.39	28128.12
俄罗斯	26535.67	30058.39	34654.59	33093.50	35192.08	37911.49	36614.14
欧盟（28 国整体水平）	270718.0	294196.5	300208.9	308914.7	328709.3	340821.3	354012.1

注：GERD 表示国内研发支出总额，表中统计数字为购买力平价水平；各国企业研发投资占比在 60%~77%。

资料来源：经济合作与发展组织（OECD）科技统计数据库。

表 4.2 2007—2013 年主要经济体 GERD 的强度比较 单位:%

	2007 年	2008 年	2009 年	2010 年	2011 年	2012 年	2013 年
中国	1.384	1.457	1.679	1.727	1.794	1.928	2.015
美国	2.627	2.767	2.819	2.740	2.763	2.699	2.742
日本	3.461	3.467	3.357	3.252	3.381	3.342	3.482
德国	2.446	2.597	2.726	2.714	2.796	2.872	2.826
法国	2.020	2.058	2.209	2.175	2.191	2.229	2.243
英国	1.684	1.687	1.741	1.695	1.691	1.622	1.664
韩国	3.000	3.123	3.293	3.466	3.744	4.026	4.149
加拿大	1.909	1.860	1.922	1.838	1.799	1.794	1.690
意大利	1.133	1.164	1.221	1.223	1.210	1.271	1.308
俄罗斯	1.116	1.044	1.252	1.130	1.091	1.126	1.133
欧盟（28 国平均水平）	1.701	1.768	1.843	1.842	1.881	1.921	1.930

注：GERD 的强度=GERD/GDP，GERD 表示国内研发支出总额，GDP 表示国民生产总值；各国企业研发投资占比在60%~77%。

资料来源：经济合作与发展组织（OECD）科技统计数据库。

4.1.2 异质性研发投资的测度与比较

基于以上对中国企业研发投资规模的描述，可以看出中国企业研发投资规模水平已居世界前列，接下来，我们对企业异质性研发投资现状进行详细分析。关于对企业异质性研发投资现状的分析，我们通过对同一时期和同一发展阶段中的中国企业整体现状和所选样本中制造业上市公司的现状进行多类别指标的多维度的分析后，发现中国企业异质性研发投资比例存在失衡问题，具体表现在以下两个方面。

表 4.3　主要经济体企业部门异质性研发投资占比比较

发展水平	经济体	企业研发占比	企业异质性 R&D		发展水平	经济体	企业研发占比	企业异质性 R&D	
			研究型投入占比	试验开发型投入占比				研究型投入占比	试验开发型投入占比
发达国家	捷克	55.5	39.9	60.1	发达国家	比利时	69.1	47	53.1
	丹麦	66.2	26.4	73.6		新西兰	44.5	39.5	60.6
	爱尔兰	71.1	32.2	67.9		爱沙尼亚	51.1	18.4	81.6
	德国	67.5	54.6	45.4		波兰	35.4	20.1	61.9
	法国	63.8	49	51		斯洛伐克	40.8	33.1	66.9
	意大利	54.4	59.6	40.4	新兴国家及地区	葡萄牙	47.4	33.1	66.9
	匈牙利	64.3	35.7	64.3		韩国	76.7	30.4	70
	奥地利	69.6	39.2	60.7		新加坡	61	41.2	58.8
	斯洛文尼亚	72.6	72.6	27.4		中国台湾	73.6	20.2	79.7
	英国	62.8	50.4	49.6		墨西哥	39.5	26	74
	澳大利亚	57.5	38.6	61.4		以色列	83.9	13	87
	瑞士	69.3	53.3	46.7	发展中国家	南非	48.6	50.6	49.4
	日本	76.6	25.6	74.2		阿根廷	24.4	35.9	64.1
	挪威	52.2	33.8	66.2		罗马尼亚	37.6	75.9	24
	美国	69.2	21.1	78.9		中国	75.4	2.8	97.2

注：表中数据为 2007—2013 年平均水平。

资料来源：经济合作与发展组织（OECD）科技统计数据库。

第一，通过同一时期和同一工业化发展阶段的跨国比较发现，中国企业研究型投资在总研发投资中占比过低，与其他国家相比存在较大差距。表 4.3、表 4.4 统计了同一时期（2007—2013 年）世界主要经济体企业部门异质性研发投资占比和强度的比较。从表 4.3 可以看出，在同一时期，中国企业已成为研发投资的主体，企业研发投资额占国家总研发投资的比重从 2007 年起就保持在 70%以上，与发达国家水平基本持平，但其研究型投资还不到企业研发投资总额的 3%，不仅低于发达国家30%~40%的平均水平，也低于新兴工业化国家 20%~30%的平均水平，

表 4.4　主要经济体企业部门异质性研发投资强度比较　　单位：%

发展程度	经济体	企业			发展程度	经济体	企业		
		总研发投资强度	研究型投资强度	试验开发型投资强度			总研发投资强度	研究型投资强度	试验开发型投资强度
发达国家	捷克	1.120	0.414	0.706	发达国家	比利时	2.190	0.986	1.204
	丹麦	3.368	0.794	2.574		新西兰	0.794	0.32	0.474
	爱尔兰	1.474	0.563	0.911		爱沙尼亚	1.085	0.145	0.939
	德国	2.933	1.632	1.384		波兰	0.272	0.071	0.201
	法国	2.359	1.152	1.207		斯洛伐克	0.308	0.123	0.185
	意大利	1.012	0.568	0.444	新兴国家及地区	葡萄牙	1.023	0.316	0.707
	匈牙利	0.923	0.314	0.608		韩国	3.785	1.094	2.691
	奥地利	2.736	1.04	1.696		新加坡	1.770	0.675	1.095
	斯洛文尼亚	1.768	1.284	0.409		中国台湾	2.599	0.527	2.071
	英国	1.694	0.806	0.888		墨西哥	0.228	0.053	0.185
	澳大利亚	1.818	0.701	1.117		以色列	6.161	0.444	5.716
	瑞士	2.956	1.479	1.477	发展中国家	南非	0.690	0.28	0.410
	日本	3.953	1.031	2.913		阿根廷	0.202	0.073	0.123
	挪威	1.274	0.423	0.851		罗马尼亚	0.275	0.233	0.042
	美国	3.098	0.688	2.410		中国	1.412	0.058	1.352

注：表中数据为 2007—2013 年平均水平

资料来源：经济合作与发展组织（OECD）科技统计数据库。

在 28 个代表性经济体中排倒数第一；从表 4.4 可以看出，在同一时期，中国企业总研发投资强度达到 1.412%，在 28 个代表性经济体中处于中等水平，但研究型投资强度只有 0.058%，与发达国家和新型工业化国家企业研究型投资强度差 1~2 个数量级的水平。其中，美国和日本的企业研发投资强度分别是中国企业研发投资强度的 12 倍、18 倍。表 4.5 统计了同一发展阶段（工业化第二阶段）世界主要工业化国家异质性研发投资状况，从表中可以看出，在同一发展阶段，中国国家层面及企业层面的研究型投资占总研发投资的比重分别只有 17.3%~32.0%、

2.1%~10.8%（2000—2010年），而美国国家层面及企业层面的研究型投资占总研发投资的比重在29.6%~37.88%、22.4%~28.1%的水平上，日本国家层面及企业层面的研究型投资占总研发投资的比重在48.7%~42.1%、26%~27.7%的水平上，在相同发展阶段，中国企业异质性投资比例也存在明显失衡的问题。综上所述，中国企业研究型活动投资占比过低，这反映出中国企业缺乏与发展中大国地位匹配，培育新技术产业所需要的，由产业基础研究驱动的整体R&D规划和完整的资金配置链条。

表4.5 工业化第二阶段世界主要工业化国家异质性研发投资状况

国家	美国	日本	联邦德国	英国	法国	中国
起止年份	50初-60中	70初-80初	70初-80初	60初-80初	70初-80初	2000—2010年
研究型投资	29.6~37.88	48.7~42.1	>20.5~26.9	34.5~41.8	50.1~57	17.3~32.0
试验开发型投资	68.8~65.5	49.1~60.1	<79.5~73.1	58.5~70.3	42.6~50.2	68.4~82.7
企业层面	美国	日本	~	~	~	中国
研究型投资	22.4~28.1	26.0~27.7	~	~	~	2.1~10.8
试验开发型投资	75.8~82.4	72.3~73	~	~	~	89.2~97.9

注：工业化阶段的划分依据联合国教科文组织（UNESCO）关于不同国家工业化指数的划分标准进行划分，主要的工业化国家包括美国、日本、德国、英国和法国。

资料来源：经济合作与发展组织（OECD）科技统计数据库。

第二，对中国制造业上市公司研发投资结构进行统计分析后，发现代表着中国研发投入水平的上市公司也存在异质性研发投资比例失衡的问题。表4.6统计了2007—2013年中国制造业上市公司异质性研发投资现状，表4.7统计了2007—2013年按照企业进行分类后中国制造业上市公司异质性研发投资比例的平均情况。经比较分析后发现，尽管上市公司研究型投资占总研发投资比重逐年增加，但比率仍然偏低，平均不到18%，与以上统计的其他国家同一时期或同一工业化阶段的企业总体平均水平相比，仍存在一定差距。对企业类别进行划分后比较发现，按所有制划分，国有企业较私营企业，其研究型投资占比低；按资本密集度划分，资本密集度越高的企业，其研究型投资占比越低；按企业规模划分，大型较中小型、中小型较创业板的研究型投资占比较低。国有大型企业、资本密集型企业及主板的大型上市公司是引领中国技术创新的主导力量，其自身的重要地位与较低的基础研究、应用研究投资水平及结构，难以构筑完整的“研究（包括基础研究、应用研究）—试验开发”资金配置链条，无法形成“知识创新—创新的知识孵化为新技术—采用新技术—进入市场”的完整科技创新过程。

表 4.6　2007—2013 年中国制造业上市公司异质性研发投资现状

年份	观测量	研发投资平均水平（单位：百万人民币）			异质性研发投资（%）	
		研发总投入	研究型投入	试验开发型投入	研究型投入占比	试验开发型投入占比
2007	1072	130.395	9.326	121.069	10.76	89.24
2008	1197	167.392	16.927	150.465	13.10	86.90
2009	1274	193.620	22.928	170.692	15.58	84.42
2010	1265	241.447	35.085	206.361	17.96	82.04
2011	1410	284.635	46.144	238.490	19.87	80.13
2012	1396	360.920	84.802	276.118	23.19	76.81
2013	1423	419.916	97.97	321.948	23.26	76.74

注：关于制造业上市公司研究型投资与试验开发型投资的变量的数据来源及划分详见 5.2 节。

资料来源：Wind 数据库。

表 4.7　2007—2013 年中国制造业上市公司异质性研发投资比例——按企业类别划分

	所有制（%）			资本密集度（%）			企业规模（%）		
	国有	私营	外资	低	中	高	大型	中小型	创业板
研究型/R&D	14.53	23.88	21.23	26.60	16.76	14.52	15.50	29.08	41.12
试验开发型/R&D	85.47	76.12	78.77	73.40	83.24	85.48	84.50	70.92	58.88

注：表中统计数据为 2007—2013 年平均值；关于制造业上市公司研究型投资与试验开发型投资的变量的数据来源及划分详见 5.2 节。

资料来源：Wind 数据库。

综上所述，中国企业研发投资规模庞大，研发投资强度已达到中等发达国家水平，但与其他主要经济体相比，中国企业两种异质性研发投资比例却存在失衡问题。那么，中国巨大规模研发投资内部结构（即两种异质性研发投资的组成比例）失衡的原因是什么？接下来，我们将从融资约束的视角，并结合中国金融发展现状，从外源资金渠道的影响对这个原因进行分析。

4.2 融资约束下企业异质性研发投资失衡的问题分析

要分析融资约束对中国企业异质性研发投资失衡问题产生的影响，需要基于两种异质性研发投资的融资特性以及不同外部资金渠道的功能特点，并结合中国当前金融发展的现状进行分析。不同外部资金渠道的功能不同，其关注的风险类型不同，那么其在企业研发投资不同阶段的配置优势也不一样。根据第 2 章对研发投资的异质性内涵及不同外部资金渠道功能优势的界定，在企业研发链条中长期研究型活动与其他产品的关联节点多、原创性较高，其创新溢出的可能性较高、私人收益与社会收益的差距也越明显，也就更需要政府资金的支持（胡明勇等，2001）来矫正“市场失灵”问题，这也是政府补贴对企业研发投资作用的基本原理。不过，政府资金的特性，虽然决定了其对研究型活动的资金配置具有明显优势，但其在甄别研发投资的市场风险方面却存在明显劣势。在研发链条中，短期试验开发型活动的技术风险相对减小、投资周期相对缩短、投入的回流速度相对加快，但市场供求不确定性问题凸显，甄别并分散其市场风险显得越来越重要，且由于研发投入量大并长期持续，在此阶段获取足够的融资来源也相当重要。此时，功能发展完善的金融体系显得尤为重要，其不仅可以直接为企业研发投资融资，还可以减少企业研发投资的信息不对称性、提高企业创新成功的概率、缓解融资约束以促进企业研发投资（King & Levine，1993；Blackburn & Hung，1998；Levine，1991）。因此，从理论上来讲，政府资金对长期研究型活动的资金配置具有相对优势，完善的金融体系对短期试验开发型活动的资金配置具有相对优势。

然而，从金融功能的视角来审视中国的金融发展时，我们发现中国金融体系的金融功能发展不完善、金融效率相对较低。根据默顿与博迪的“金融功能观”，金融体系的功能分为六种：清算和支付结算的功能、聚集和分配资源的功能、在不同时间和不同空间之间转移资源的功能、管理风险的功能、提供信息的功能以及解决激励问题的功能。从金融功能演进和金融发展的角度对金融功能进行重新认识，发现以上金融功能基本上是随着经济和金融体系的发展逐渐产生的，金融体系最早显现出基础的服务和中介功能，随着经济和金融的发展，金融的资源配置功能逐步显现，此后为解决资源配置过程中出现的问题，金融体系功能扩展出经济调节功能和风险规避功能，为进一步提升资源配置效率，金融的衍生功能开始显现，包括风险管理以及公司治理等功能，金融功能的扩展更多地体现为量性金融发展，金融功能的提升更多地体现为质性金融发展（白钦先等，2006）。从“金融功能观”的视角，纵观近三十年中国金融的发展演进过程，中国的金融虽已实现从动员性扩张向市场配置的转变，但由于中国金融效率相对低下，金融体系呈现出“量性增长有余、质性发展不足”的局面（沈军等，2013）。也就是说，中国金融体系的功能虽已得到一定程度的扩展，不再只是执行基本的服务和中介功能的主体，但是金融发展通过金融资源配置的改进来促进经济增长与经济效率提升的程度仍然很低，中国金融体系功能的提升非常有限。具体表现在两个方面：一方面，金融控制以及国家救助承诺形成的“软预算约束”使得正规金融体系获得的金融权利与其责任与压力严重不对称，巨额利差补贴又扭曲了国有银行的利益激励机制，由此形成了正规金融体系的轻率信贷行为和粗疏管理流程（张杰，2008）。在此情况下，金融机构没有开发和使用先进风险计量工具、方法确定产品报价的动力，表现为提升自身风险识别、风险度量和风险组合管理基本技能的内在需求不足；另一方面，由正规金融扩张信贷流向私人部门的信贷资金以商业信用（非正规金融）的形式在企业间流动，虽然对正规金融体系做了有益补充（张杰等，2013），但这种非正规金融主要以企业信用为依托，信用链条中任何一个环节的中断都可能使整个链条受到影响，且这种补充并不能完全弥补整体金融发展滞后给实体经济发展带来的抑制效应，张杰等（2012）的研究就表明中国金融体系的压制特征和金融发展的滞后，对中小民营企业研发投资造成了显著的抑制效应。显然，这种发展水平的金融体系没有能力去筛选更有创新能力的企业家，并对企业家的技术创新能力进行事前评估，也没有能力为防止企业家欺骗行为而对投资项目进行监督并形成合理的公司治理结构。这种情况下，金融机构不能对风险进行跨期分散并将可能的冲击在更长的时期分担以提高企业技术创新的成功率，因此，也就根本不具备完善的功能，从而也不能对研发链条后端的短期试验开发型活动的资金配置发挥相对优势并有效缓解企业研发投资的融资约束问题。

在金融体系效率低下、功能发展不完善的情况下，企业仍将面临严重的融资约束，这可能会抑制企业利用内部现金流对研发项目进行资金补给和平滑。这主要是由于受流动性风险制约，企业可能根本不进行研发投资决策行为。阿洪等（Aghion et al.，2010）认为在考虑融资约束的情况下，企业家对长短期投资的资金配置决策取决于机会成本效应以及流动性风险冲击效应，且融资约束程度越高，流动性风险冲击效应越明显。在当前中国金融体系功能发展不完全的情况下，企业面临严重的融资约束，特别是在中国当前“金融所有制歧视”“规模歧视”的金融发展现状下形成的金融资源分配的极度失衡，使得最具创新动力和实力的中小民营企业面临的流动性风险冲击效应总是占主导地位。在这种情况下企业不能获得足够的借款资金解决流动性风险冲击问题，长期研发型投资将总是被打断，萧条时期则更为明显。所以，企业在一开始预见到可能的结果，便不会对长期研发投资投入更多的自身资金。因此，金融体系效率低下会抑制企业使用自身现金流对研发投资进行平滑，尤其是对于研发链条中周期相对更长的研究型投资。

由于低效的金融体系不能有效对研发链条中短期试验开发型活动的资金配置发挥相对优势，抑制了企业的研发投资，政府资金就不得不在微观层面、客观上行使金融直接配置研发资金和缓解企业融资约束并激励企业用内部现金流平滑研发投资的功能，由此可能导致政府资金错配，这主要表现在外部资金配置主体的功能错位。由前所述，政府资金对长期研究型活动的资金配置具有相对优势，完善的金融体系对短期试验开发型活动的资金配置具有相对优势，那么在当前中国金融体系功能发展不完善的情况下，企业研发投资的外部资金支持主要依靠政府补贴，政府资金不仅需要在研发链条中弥补“市场失灵”的缺陷，还要解决融资约束问题。面临融资约束，企业经常发送虚假的“创新类型”信号以获取政府研发补贴（安同良等，2009），从而最大化自身目标函数。而政府补贴的无偿性以及其对国有企业的倾向性选择决定了发放补贴的部门在辨识企业质量、工艺及项目水平方面并没有足够的积极性。以这种形式获得的有限补贴，企业会更倾向于选择投资周期短、见效快的试验开发型项目，由此可能导致政府资金在研发链条中资金配置阶段滞后，主要促进试验开发型投资。同时，政府资金对研发投资配置应该发挥的核心功能虽与实际发挥的功能错位，但在一定程度上降低了企业融资成本、缓解了企业融资约束，从而激励企业用自身现金投资研发活动。国内学者朱平芳等、许治等、解维敏等的研究均发现政府研发补贴降低了企业研发投资的成本和风险，刺激了企业更大的研发投资支出

（解维敏等，2009；朱平芳等，2003；许治等，2005）。

综上所述，基于两种研发投资的异质性特征以及不同外部资金渠道的功能优势，中国企业异质性研发投资的融资约束问题在于，金融发展水平不足可能导致的企业研发投资链条的不完整。在金融体系效率低下、功能发展不完善的情况下，其不能对研发链条后端的短期试验开发型活动的资金配置发挥相对优势，而政府补贴在微观层面上行使的金融功能又因为政府研发补贴的有限性和企业整体研发投资的融资约束问题，政府资金可能仅仅会对短期试验开发型投资发挥作用，这导致了政府补贴发生作用的阶段滞后，与国家科技计划中企业补贴主要应投资于研究型项目上的定位错位，产生资金错配。且由于金融功能发展不完善、金融配置效率较低，导致企业在进行研发投资决策时，受流动性风险冲击效应的主导，从而可能不进行或很少进行长期研究型投资决策，最终可能导致企业研发资金主要聚焦于短期试验开发型投资。因此，中国企业异质性研发投资的融资约束问题不在于总研发投资的绝对不足，而在于金融功能发展不健全可能造成的总研发投资内部研究型投资与试验开发型投资的相对失衡。

4.3 中国企业研发投资对生产率影响的特征及成因

4.3.1 企业生产率的测算

要测算企业研发投资对生产率影响的特征事实，需要首先测算企业层面的生产率水平。为了获得企业微观层面的生产率，我们采用奥利和帕克斯（Olley & Pakes，1996）的方法对生产函数的参数进行估计。这个半参数方法在估计生产函数时最早考虑了同时性问题和选择性问题，该方法通过使用投资作为不可观测的随时间变动的生产率波动的代理变量解决了模型的同时性问题，通过使用生存概率解决了模型的选择性问题。在奥利和帕克斯（Olley & Pakes，1996）方法的框架下，对数形式的生产函数可以表示为：

$$y_{it}=\beta_0+\beta_a a_{it}+\beta_k kc_{it}+\beta_l l_{it}+\omega_{it}+e_{it} \tag{4.1}$$

其中，y_{it}表示t时期企业i产出增加值的对数值，β_0衡量了测算时期内样本企业的平均效率水平，a_{it}表示企业年龄，kc_{it}和l_{it}分别表示企业资本投入和劳动投入的自然对数值，ω_{it}表示企业生产率，e_{it}为误差项，误差项在企业间和时期间均相互独立。我们之所以使用产出增加值生产函数来测算企业生产率，是因为：第一，产出增加值代表着企业的最终生产能力；第二，中国企业的总产出水平与中间投入存在明显的相关性。经测算，本书所用上市公司样本中这两个变量的相关系数约为0.9。

该方法假设在位企业在每一期期初的时候决定是否退出市场或者继续运营。且企业i只会在其生产率超过一定的门槛值之后才会决定继续运营，这个门槛值取决于资本存量kc_{it}以及企业年龄a_{it}。资本存量kc_{it}为状态变量，仅受当期和前期生产率水平的影响。企业投资水平的计算公式表示如下：

$$I_{it}=KC_{it+1}-(1-\delta)KC_{it} \tag{4.2}$$

因此，企业层面的投资决策依赖于资本存量和生产率水平，由此最优投资函数可以表示为：

$$i_{it}=i_t(kc_{it},\ \omega_{it},\ a_{it}) \tag{4.3}$$

其中，小写字母对应的是以上相应大写字母变量的自然对数形式。对最优投资函数方程进行一个反向处理，我们可以用可观测变量表示不可观测的生产率，其式子如下：

$$\omega_{it}=h_t(i_{it},\ kc_{it},\ a_{it}) \tag{4.4}$$

其中设定$h_t(\cdot)=i_t^{-1}(\cdot)$，将方程（4.4）代入方程（4.1）得到：

$$y_{it}=\beta_0+\beta_a a_{it}+\beta_k kc_{it}+\beta_l l_{it}+h_t(i_{it},\ kc_{it},\ a_{it})+e_{it} \tag{4.5}$$

接着，将函数 $\varphi(i_{it},kc_{it},\ a_{it})$ 定义如下：

$$\varphi(i_{it},\ kc_{it},\ a_{it})=\beta_0+\beta_a a_{it}+\beta_k kc_{it}+h_t(i_{it},\ kc_{it},\ a_{it}) \tag{4.6}$$

估计方程（4.5）需要两步：首先，在第一步估计算法中，合并方程（4.5）和方程（4.6）得到方程（4.7），并使用最小二乘法对其进行估计：

$$y_{it}=\beta_l l_{it}+\varphi(i_{it},\ kc_{it},\ a_{it})+e_{it} \tag{4.7}$$

通过估计方程（4.7），我们可以得到劳动投入系数的一致无偏估计。

为了获得资本投入和企业年龄的估计系数，我们需要区分资本存量和企业年龄对企业投资决策的影响效应以及二者对产出的影响效应。生产率被假设满足一阶马尔科夫过程，即 $\omega_{it+1}=E(\omega_{it+1}\mid\omega_{it},\ kc_{it})+\varepsilon_{it+1}$，其中假设 ε_{it+1} 与 $t+1$ 期的生产率和资本存量不相关。根据退出规则，如果企业 i 的生产率水平超过较低的下限，企业将会继续经营，也就是如果 $\omega_{it+1}\geqslant\underline{\omega}_{it+1}$，则 $\vartheta_{it+1}=1$，其中 ϑ_{it+1} 表示生存指标。对于生存下来的企业，期望值 $E(y_{it+1}-\beta_l l_{it+1})$ 可以表示如下：

$$E(y_{it+1}-\beta_l l_{it+1}\mid kc_{it+1},\ \vartheta_{it+1}=1)=\beta_0+\beta_a a_{it+1}+\beta_k kc_{it+1}+E(\omega_{it+1}\mid\omega_{it},\ \vartheta_{it+1}=1) \tag{4.8}$$

其次，第二步估计算法可以表示如下：

$$\begin{aligned}y_{it+1}-\beta_l l_{it+1}&=\beta_0+\beta_a a_{it+1}+\beta_k kc_{it+1}+E(\omega_{it+1}\mid\omega_{it},\ \vartheta_{it+1}=1)+\varepsilon_{it+1}+e_{it+1}\\&=\beta_0+\beta_a a_{it+1}+\beta_k kc_{it+1}+g(P_{it},\ \varphi_t-\beta_k kc_{it})+\varepsilon_{it+1}+e_{it+1}\end{aligned} \tag{4.9}$$

其中，$E(\omega_{it+1}\mid\omega_{it},\ \vartheta_{it+1}=1)=g(P_{it},\ \varphi_t-\beta_k kc_{it})$ 是由生产率波动的定律推断出来的，P_{it} 表示下一期企业 i 生存的概率，$P_{it}=P_r\{\pi_{it+1}=1\}$。将第一步估计算法估计出的劳动投入的系数和企业生存概率 P_{it} 代入方程（4.7），最终的估计方程可以表示如下：

$$y_{it+1}-\hat{\beta}_l l_{it+1}=\beta_0+\beta_a a_{it+1}+\beta_k kc_{it+1}+g(\ddot{P}_{it},\ \hat{\varphi}_t-\ddot{\beta}_k k_{it})+\varepsilon_{it+1}+e_{it+1} \tag{4.10}$$

通过使用非线性最小二乘法对方程（4.10）进行估计，我们可以得到资本存量和企业年龄系数的一致无偏估计值。基于生产函数方程（4.1）以及估计系数可以计算得到每个企业的生产率水平。

本书选取的样本为2007—2013年制造业上市公司，数据来源于Wind数据库，基于以上奥利—帕克斯（Olley-Pakes）方法的算法过程，对模型估计所需的变量进行说明：Y表示使用产出价格指数进行平减处理后的产出增加值；I表示使用投资价格指数进行平减处理后的固定资本投资水平；KC表示基于方程（4.2）以及固定资本投资的数据，使用永续盘存法计算出的固定资本存量，其中方程（4.2）中的δ表示折旧率，这里参考张军等（2004）进行的估算，取折旧率为9.6%；L表示企业员工数量；退出变量为虚拟变量，若企业在当前阶段退出市场，则取1，否则取0；*Trend*为时间趋势变量；*Age*表示企业年龄。在测算过程中，设$\ln I$为代理变量，*Age*和$\ln KC$为状态变量，$\ln L$为自由变量，其中$\ln KC$、$\ln I$、$\ln L$分别表示KC、I、L的自然对数值。同时，我们还加入了企业所有制虚拟变量和行业虚拟变量作为控制变量，将在5.2.3节变量定义中进行具体解释。基于奥利和帕克斯（Olley & Pakes，1996）两步估计算法，我们得到投入变量系数的一致无偏估计值。生产函数的估计结果见表4.8。从估算结果来看，估计系数大小均在合理范围内，与奥利和帕克斯（Olley & Pakes，1996）以及毕思布洛克（Biesebroeck，2005）估算的结果基本保持一致。基于方程（4.1）以及估计系数，可以计算出各个企业的生产率水平。

表4.8　生产函数的估计结果

变量	系数	标准误	Z统计量	P>z ［95% Conf. Interval］
Capital	0.394***	0.043	9.15	0
Labor	0.527***	0.023	22.58	0
Age	0.003	0.019	0.17	0.868
Trend	0.020***	0.006	3.47	0.001
Ownership Dummies	—			
Industry Dummies	—			

注：***、**、*分别表示在1%、5%、10%的置信区间显著。

4.3.2 企业研发投资与生产率关系的特征及成因

接下来，我们使用广义倾向得分匹配方法对企业研发投资—生产率关系进行估计，进而对中国企业研发投资—生产率关系的特征事实进行分析。使用广义倾向得分匹配方法进行估计避免了选择性偏误和潜在的内生性问题。为了估计企业研发投资—生产率关系，我们需要构建相应的广义倾向得分匹配模型。模型关注的结果变量就是4.3.1中估计出的企业生产率 ω_i，处理变量用企业研发投资强度表示。为了对二者间的剂量反应函数进行估计，我们使用伊本斯（Imbens，2000）以及希拉诺和伊本斯（Hirano & Imbens，2004）的方法进行估计。根据这个方法，首先构建基本模型框架。为简单起见，在以下模型中使用 RD 代表处理变量。假设样本企业随机排列，编号依次为 $i=1, 2, \cdots, N$。对于企业 i，存在可观测的 $p\times1$ 维预处理协变量 $\boldsymbol{X}_i$，在非混淆假说下，预处理协变量 $\boldsymbol{X}_i$ 需包含足够的信息能够使潜在的结果变量 ω_i（rd）独立于处理变量 RD；同时还存在处理变量 RD 以及与每一个 RD 相对应的结果变量 $\omega_i(RD)$。根据鲁宾（Rubin）的因果模型（Holland，1986），我们将单位水平的剂量反应函数定义为 $\{\omega_i(rd)\}_{rd\in\tau}$，$i=1, \cdots, N$，其中 τ 表示一组连续的潜在处理变量值，$\omega_i(rd)$ 为定义的随机变量，目的是估计平均水平的剂量反应函数 $\mu(rd)=E\{\omega_i(rd)\}$。根据希拉诺和伊本斯（Hirano & Imbens，2004）的方法，我们对广义倾向得分匹配模型的参数估计分为以下三步：

第一步，我们对处理变量及预处理协变量的定义如下：

$$\omega_i \mid \boldsymbol{X}_i \sim N(c_0+c_1^{*}\boldsymbol{X}_i,\ \sigma^2) \tag{4.11}$$

其中，$N(\cdot)$ 为一个正态模型，对正态模型中服从条件分布的参数 (c_0, c_1^{*}, σ^2) 估计使用最大似然法进行估计，由此需要估计的广义倾向得分匹配模型定义如下：

$$\hat{S}_i = \frac{1}{\sqrt{2\pi\hat{\sigma}^2}} \exp\left\{-\frac{1}{2\hat{\sigma}^2}\left(RD-\hat{c}_0-\hat{c}_1^* \boldsymbol{X}_i\right)^2\right\} \tag{4.12}$$

方程（4.12）中的广义倾向得分 S_i 需要满足能够衡量异质性企业间类似程度的条件，在此情况下，模型的平衡性才能得到满足。在满足此条件的情况下，在同一广义倾向得分值 $s(rd, \boldsymbol{X})$ 分布区域内，RD 与 rd 是否相等独立于协变量 $\boldsymbol{X}$。

第二步，我们将结果变量 ω_i 的条件期望设为处理变量 RD 以及广义倾向得分估计值 $\mathrm{GPS}(S_i)$ 的函数，这里采用二次方程进行估计，计算公式如下：

$$E[\omega_i \mid RD, S_i] = d_0+d_1\times RD+d_2\times RD^2+d_3\times S_i+d_4\times S_i^2+d_5\times RD\times S_i \tag{4.13}$$

其中 S_i 用从第一步获得的估计值 $\hat{S}_i$ 代替，然后使用最小二乘法对方程（4.13）中的参数进行估计。

第三步，我们使用方程（4.13）中估计的参数测算平均潜在的结果变量，计算公式如下：

$$E[\omega(\widehat{rd})] = \frac{1}{N}\sum_{i=1}^{N}[\hat{d}_0 + \hat{d}_1 \cdot rd + \hat{d}_2 \cdot rd^2 + \hat{d}_3 \cdot \hat{s}(rd, X_i) + \hat{d}_4 \cdot \hat{s}(rd, X_i)^2 + \hat{d}_5 \cdot rd \cdot \hat{s}(rd, X_i)] \tag{4.14}$$

通过计算方程（4.14），我们可以得到处理变量任意水平上对应的潜在结果变量值，从而得到相应的研发投资与生产率的剂量反应函数。通过对方程（4.14）进行求导，可以得到研发投资与生产率的边际效应函数。最后，标准误差和置信区间是由自助抽样方法获得的。

这里使用中国企业中最具代表性的研发投入主体制造业上市公司数据对研发投资—生产率关系的特征事实进行分析。同样使用 2007—2013 年的数据，数据来源于 Wind 数据库，具体变量有：结果变量是

4.3.1 节中估计出的企业生产率 ω_i(*tfp*)；处理变量是企业研发投资强度(*R&D intensity*)，在该模型中研发投资强度用总研发投资占资本存量的百分比表示，考虑到研发投资产出的滞后性以及为了防止同时性问题，选取滞后一期的企业研发投资强度（*R&D intensity*），同时考虑到偏态分布的可能，在估计模型中取处理变量的零偏态对数值；预处理协变量 **X** 包括滞后两期的企业生产率 ω_i(*tfp*)、滞后一期企业年龄（*Age*）的零偏态对数值、滞后一期的企业员工数量（*Labor*）的零偏态对数值、滞后一期营业收入（*Income*）的零偏态对数值、滞后一期的利润率（*Profit*）、滞后一期的资本密集度（*Capten*）、滞后一期的技术密集度（*Techten*）、行业虚拟变量、所有制虚拟变量，具体将在 5.2.3 变量定义中进行具体解释。

根据以上介绍的三步估算方法，我们首先基于预处理协变量来构建处理变量（*R&D intensity*）的条件分布模型。广义倾向得分匹配第一步方程（4.11）的估计结果见表 4.9。从表 4.9 中各变量系数的显著性可以看出所选协变量能够较好地解释处理变量。根据希拉诺和伊本斯(Hirano & Imbens，2004）的研究，变量回归系数没有特殊的含义。第一步回归中行业和所有制虚拟变量对于处理变量也有较大解释力，为简单起见，表 4.9 中不再详细报告虚拟变量回归结果。使用 KS 检验方法来检验处理变量是否符合正态分布的假设，检验的 P 值为 0.303，说明假设成立。基于第一步估计结果，使用方程（4.12）对广义倾向得分值 GPS 进行估计。为了保证广义倾向得分值 GPS 的估计有效，我们需要检验预处理协变量是否满足平衡检验。为了进行平衡检验，我们将样本根据分位数分为三组，从而可以证明在其中一组中的每一个协变量的平均值是否与其他两组中该协变量的平均值存在显著差异。从表 4.10 平衡检验结果可以看出，在使用广义倾向得分 GPS 调整之前，协变量不满足平衡检验。然后根据希拉诺和伊本斯（Hirano & Imbens，2004）的方法对 GPS 调整的协变量平衡性进行检验。当我们将样本根据分位数分为三组后，测算出每一组内处理变量中位数的广义倾向得分值 GPS，接着根据估计的广义倾向得分值 GPS 将样本按照分位数分为五组，对于按照估计的广义倾向得分值 GPS 分组的结果，比较其中一个 GPS 组内观测个体协变量的平均值与在同一个处理变量组内但不在该 GPS 组内的观测个体协变量的平均值之间的差异性。通过比较表 4.10 中 GPS 调整后的平衡性与初始平衡性可以看出，调整后平衡性达到要求。最后一步，我们对研发投资与企业生产率的剂量反应函数和边际效应函数进行估计。对方程（4.13）的回归结果见表 4.11，从回归结果可以看出 $R\&D_{t-1}$、GPS、GPS^2 以及 $R\&D_{t-1}\times GPS$ 的回归系数均显著。

表 4.9　广义倾向得分匹配：第一步估计结果

变量	系数	标准误	Z 统计量	P 值
Constant	2.678**	1.320	2.030	0.042
$Profit_{t-1}$	0.003***	0.001	3.350	0.001
$[Profit_{t-1}]^2$	-4.35E-06	3.04E-06	1.430	0.153
$Capten_{t-1}$	-0.025***	0.002	-16.650	0.000
$[Capten_{t-1}]^2$	0.0001***	7.44E-06	10.28	0.000
$Techten_{t-1}$	0.002***	0.001	6.11	0.000
$[Techten_{t-1}]^2$	-8.35E-07***	1.56E-07	-5.370	0.000
ω_{it-2}	0.207*	0.118	1.750	0.080
$[\omega_{it-2}]^2$	0.007	0.021	0.360	0.720
$Log(Age_{t-1})$	0.022	0.474	0.050	0.963
$[Log(Age_{t-1})]^2$	-0.042	0.095	-0.440	0.661
$Log(Labor_{t-1})$	-0.423*	0.245	-1.730	0.084
$[Log(Labor_{t-1})]^2$	0.013	0.016	0.830	0.406
$Log(Income_{t-1})$	0.319	0.283	1.130	0.259
$[Log(Income_{t-1})]^2$	-0.008	0.012	-0.730	0.468
Industry Dummies	+			
Ownership Dummies	−			

注：第一步估计的因变量为滞后一期的研发投资强度（*R&D intensity*）。***、**、* 分别表示在 1%、5%、10% 的置信区间显著。

表 4.10 调整前后协变量的平衡性：均值相等性的 t 统计量

协变量	初始平衡性			GPS-调整后的平衡性		
	区间 Q1	区间 Q2	区间 Q3	区间 Q1	区间 Q2	区间 Q3
$Profit_{t-1}$	**-4.978**	**2.094**	**2.844**	**1.990**	**-2.248**	0.749
$[Profit_{t-1}]^2$	**-1.974**	**1.960**	0.094	0.764	-1.279	0.556
$Capten_{t-1}$	**12.826**	**-2.076**	**-10.345**	**-5.508**	-0.319	**4.326**
$[Capten_{t-1}]^2$	**8.872**	**-2.746**	**-5.919**	**-4.999**	0.435	**2.947**
$Techten_{t-1}$	**-2.569**	0.047	**2.524**	0.436	-0.828	-0.110
$[Techten_{t-1}]^2$	-0.812	**1.965**	-0.346	0.926	-1.370	0.402
ω_{it-2}	**-4.324**	0.372	**3.946**	0.439	-1.705	**2.756**
$[\omega_{it-2}]^2$	**-3.958**	-0.035	**3.997**	0.384	-1.474	**2.393**
$Log(Age_{t-1})$	**3.503**	-0.521	**-2.976**	-0.800	0.579	-0.471
$[Log(Age_{t-1})]^2$	**3.503**	-0.565	**-2.932**	-0.912	0.609	-0.487
$Log(Labor_{t-1})$	**4.720**	0.276	**-5.009**	-1.858	0.368	0.363
$[Log(Labor_{t-1})]^2$	**4.535**	0.241	**-4.787**	-1.761	0.271	0.312
$Log(Income_{t-1})$	**4.435**	0.029	**-4.468**	-1.907	-0.289	1.362
$[Log(Income_{t-1})]^2$	**4.439**	-0.035	**-4.406**	-1.954	-0.285	1.336

注：黑体数字表示显著性在5%的水平上。为简单起见，行业及所有制虚拟变量的 t 值不再在表中进行统一说明。

表 4.11 广义倾向得分匹配：第二步回归结果

变量	系数	标准误	T 统计量	P 值
Contant	2.186***	0.129	16.880	0.000
$R\&D_{t-1}$	-0.002**	0.001	-1.960	0.050
$[R\&D_{t-1}]^2$	7.09E-06	1.70E-05	0.410	0.684
GPS	-1.002*	0.591	-1.700	0.090
GPS^2	1.005*	0.574	1.750	0.080
$R\&D_{t-1} \times GPS$	0.020***	0.004	4.580	0.000
R-squared	0.068			

注：第二步回归的因变量为企业生产率（*tfp*）；***、**、*分别表示在1%、5%、10%的水平上显著。

根据方程（4.14）对研发投资与企业生产率的剂量反应函数进行估计，得到研发投资与企业生产率影响的剂量反应曲线（见图 4.1），相应的研发投资与企业生产率的边际效应函数（处理效应函数）曲线见图 4.2，两个图中的虚线均表示 1000 次重复抽样得到的 95%置信区间。从图 4.1 可以看出，中国制造业上市公司生产率与研发投资的关系呈“S 型”曲线关系。图 4.1 显示：当企业研发投资强度（*R&D intensity*）处于较低水平时（约低于 10%），企业生产率（*tfp*）随着研发水平提高呈下降趋势，当企业研发投资强度（*R&D intensity*）超过 10%的水平时，企业生产率（*tfp*）随着研发水平提高开始呈现上升趋势，这些结果与格罗斯基（Geroski，1998）、冈萨雷斯和杰曼德鲁（Gonzalez & Jaumandreu，2000）的研究结论一致，即能够有效提升企业生产率的研发投资水平存在一个门槛值，超过这个门槛值，研发投资水平的增加才能促进企业生产率的提升，这在一定程度上是由于企业自身的研发投资行为和水平决定了其能够有效利用自身和外部知识的程度（Cohen & Levinthal，1989；Cincera，1997；Fabrizio，2009）。因此，企业的知识水平需要积累到一定水平后，才能从自身研发投资中获益；但除此之外，当企业研发投资强度（*R&D intensity*）超过大约 55%的水平后，企业生产率（*tfp*）又随着研发水平提高呈现下降的趋势，也就是说，当企业研发投资强度（*R&D intensity*）超过较高水平后，其对生产率（*tfp*）存在一个负向影响效应。图 4.2 显示：当企业研发投资强度（*R&D intensity*）水平较低时，研发投资对企业生产率的边际效应为负，这与以上的结果一致，当研发投资对企业生产率的边际效应变为正效应之后，该边际正效应水平随着研发水平提高先提高后下降，其中拐点位置在研发投资强度（*R&D intensity*）大约为 20%的水平上，该结果与坎茨和西利弗斯托夫（Kancs & Siliverstovs，2016）的结果基本保持一致，以上结果反映了研发投资的两面性，即由弗曼等（Furman et al.，

2002）提出的“站在巨人肩膀上”效应和拖出效应；但当企业研发投资强度（*R&D intensity*）达到55%的水平后，研发投资对企业生产率的边际效应降低到零线附近甚至为负，也就是说研发投资对企业生产率产生了负向影响，这与图4.1的结果保持一致。

根据2.2节的内容可以看出，依据熊彼特增长理论，研发投资活动是生产率提高和经济增长的关键，理论研究和实证研究也均肯定了研发投资对生产率确实存在正向影响，尽管部分学者研究发现企业技术水平的差异会影响研发投资与生产率的关系，但在高科技企业部门研发投资对生产率仍然是显著的正向影响。那么，除了通常所说的“站在巨人肩膀上”效应和拖出效应，为什么中国企业的研发投资强度水平上升到较高水平时，研发投资对企业生产率存在一个挤出效应，也就是以上所说明的负的边际效应？这与通过增加研发投资进而实现生产率提高、技术进步的“常理”是相悖的。

综合4.1节中对中国企业研发投资现状的整体分析，中国企业研发投资规模庞大，但两种异质性研发投资比例存在失衡问题，那么两种异质性研发投资比例失衡的问题是否与中国巨大规模研发投资对生产率影响的悖论事实存在关联？结合2.3节中从研发投资产出效率层面两种异质性研发投资的互补性对企业生产率的影响分析，我们从现象层面认为：以上拟合的有悖“常理”的中国企业研发投资—生产率的关系特征，与中国企业异质性研发投资比例不平衡的现实有着必然的联系。同时根据4.2节中融资约束下企业异质性研发投资比例失衡的问题分析，这种事实成因的背后隐藏着金融发展现实背景下经济参与人利益权衡之后的资金配置问题，由此，我们将问题聚焦为“融资约束下异质性研发投资对企业生产率的影响机理”。

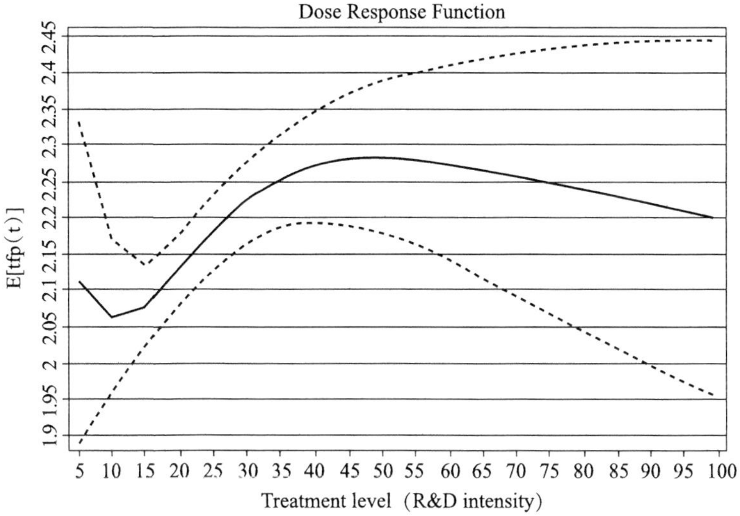

图 4.1 研发投资强度的剂量反应函数

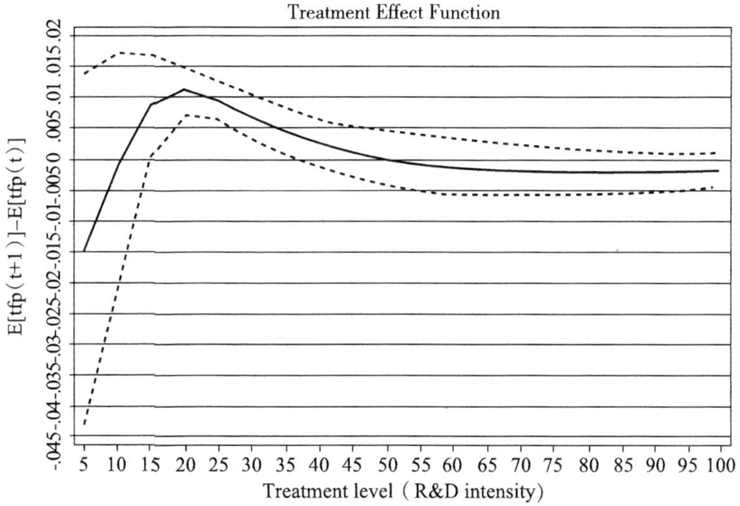

图 4.2 研发投资强度的处理效应函数

4.4 本章小结

本章首先通过数据分析对中国企业研发投资规模现状以及两种异质性研发投资比例情况进行了描述，发现中国企业研发投资规模庞大，但与其他主要经济体相比，两种异质性研发投资比例却存在失衡问题；其次结合研发投资的异质性和不同外部资金渠道在研发链条不同阶段资金配置中的功能优势差异，分析了中国企业异质性研发投资的融资约束问题，发现中国企业异质性研发投资的融资约束问题不在于总研发投资的绝对不足，而在于金融功能发展不健全下可能造成的总研发投资内部研究型投资与试验开发型投资的相对失衡；最后，使用奥利—帕克斯（Olley-Pakes）方法测算了企业生产率，并利用广义倾向得分匹配方法构建了企业研发投资—生产率的广义倾向得分匹配模型，通过数据拟合得到中国企业研发投资对生产率影响的特征事实，并基于多个维度企业异质性研发投资的现状比较以及两种类型研发投资对生产率作用机制的不同，从现象层面认为中国企业研发投资—生产率有悖“常理”的关系事实的成因在于企业异质性研发投资比例失衡。结合这两点内容，我们从现象层面揭示了融资约束现实下异质性研发投资对企业生产率增长产生的影响以及影响的路径。

5

异质性研发投资对企业生产率影响的实证检验

本章内容旨在基于数理模型推导的结论和现象层面分析揭示的问题，通过对中国制造业上市公司数据进行实证研究，来验证理论模型假说。首先，使用面板回归模型验证了融资约束下不同外部资金渠道对企业异质性研发投资的影响效应，并使用倾向得分匹配方法消除选择性偏误和内生性问题对影响结果进行了检验；其次，使用广义倾向得分匹配方法分别构建了企业生产率与研究型投资的广义倾向得分匹配模型和企业生产率与试验开发型投资的广义倾向得分匹配模型，通过估计研究型投资与企业生产率的剂量反应函数和处理效应函数以及试验开发型投资与企业生产率的剂量反应函数和处理效应函数，并结合融资约束下不同外部资金渠道对企业异质性研发投资影响效应，来分析中国当前金融发展水平较低以及融资约束现实下异质性研发投资对企业生产率的影响结果。

5.1 融资约束下异质性研发投资对企业生产率的影响效应

基于第 3 章中融资约束视角下异质性研发投资对企业生产率影响数理模型层面分析以及第 4 章融资约束现实下异质性研发投资对企业生产率影响的路径分析，可以总结出融资约束下异质性研发投资对企业生产率的作用路径和影响效应，在于金融发展水平较低以及融资约束现实下导致的企业异质性研发投资比例的变化会对企业生产率增长产生的影响。这种作用路径和影响效应需要从两个递进的层面进行解释：一方面，从研发投资的异质性以及不同外部资金渠道的功能优势进行分析，会发现金融发展水平低、效率低对企业研发投资产生的融资约束会导致政府研发补贴功能失效、企业研发投资内部短期试验开发型投资占比偏高、长期研究型投资占比偏低；另一方面，在融资约束导致的企业异质性研发投资比例失衡的现状下，由于研究型投资活动和试验开发型投资活动对企业生产率增长的影响存在互补性，这种互补性在于两种异质性研发投资对企业生产率增长的影响路径存在差异，根据二者对企业生产率影响的差异性，最终得到企业异质性研发投资比例的失衡会对企业生产率的增长产生负向影响。

首先，从第一个层面进行解释。如果把企业科技创新从知识创新—创新知识孵化为新技术—采用新技术、进入市场看成一个完整的研发活动过程，那么在资金配置上则表现为“研究型投资（包括基础研究投资、应用研究投资）—试验开发型投资”的完整链条。在研究阶段，基础研究是以认识现象并获取关于现象和事实的基本原理和知识为目的的，其被认为是不考虑实际应用的，或者虽然确知其应用前景但并不知道达到应用目标的具体方法和技术途径；应用研究是以基础研究产生的科学知识为基础、为实际应用提供解决方法和技术路径的研究，两种类型的研究还停留在科学认识和技术实施路径的层面；在开发阶段，试验开发活动是开辟新的应用，即为获得新材料、新产品、新工艺、新系统、新服务以及对上述各项作实质性的改进，这一阶段已经延伸到产品层面。

对于投资者而言，研究阶段与试验开发阶段活动相比：其一，研究阶段活动的公共产品特性更明显。研究阶段成果多以科学知识、技术实施原理等形式呈现出来，其往往成为行业共性关键技术等科学发现的依托，研究阶段的成功带来的是整个行业或产业的重大变革和发展，而试验开发由于是以技术途径、专利等形式存在，投资者以外的其他人使用都需要为之付费。由此可见，研究阶段比试验开发阶段具有更明显的公共产品特征；其二，对私人投资者而言，研究阶段投资的风险与收益不匹配。相比于试验开发阶段，由于研究阶段获得突破性成果的不确定性更高，其投资周期相对也更长，且研究阶段活动只停留在科学认识和技术实施路径层面，与商品市场相距更远。除此之外，由于对研发活动的投资必须具有持续性，而研究阶段活动更高的不确定性决定了在未来随时都有可能需要对其补给资金，故相比于试验开发阶段活动的投资，其给投资者资金管理带来了更大的流动性冲击。综合以上特征，研究型投资风险更大。但从研究阶段成果的公共产品特性可以看到，其带来的社会收益远远大于私人投资者的独占收益，而已延伸到产品层面的试验开发型投资收益的私人独占性更强，因此，对此两种异质性研发投资，研究型投资存在更明显的私人收益与风险的不匹配。

企业可获得外部资金渠道主要指政府研发补贴和金融部门资金。政府研发补贴是企业从政府无偿获得的货币性或非货币性资产，其功能优势在于矫正市场失灵、降低企业成本。根据以上内容对企业异质性研发投资的划分及特征分析，政府研发补贴弥补社会收益率与私人收益率差异的功能及投资的多目标性在研究阶段资金配置中具有明显优势，但政府在甄别离市场更近的试验开发阶段资金配置中的市场风险方面则存在明显的劣势。在试验开发阶段意味着企业已进入研发投资链条中开发新产品、新材料的环节，对于投资者而言，该阶段收益的独占性较高，但仍存在较大的市场风险，这时候一个对市场风险进行识别、监控并促进公司有效治理的金融体系十分重要。从金融发展理论中“金融功能论”的角度来讲，在金融发展过程中，金融功能呈现“基础功能（服务、中介功能）—核心功能（资源配置）—扩展功能（经济调节、风险规避）—衍生功能（信息传递、公司治理、风险交易等）”不断扩展和提升的递进关系，在前面功能的基础上，当经济金融发展到一定程度，后边的功能逐步地凸显出来（白钦先等，2006）。如果金融体系的发展较为健全，从风险与收益的角度来讲，金融部门资金不会偏好于风险与收益不匹配的研究型投资活动，但其对于缓解企业研发投资链条中试验开发型投资的融资约束具有绝对的功能优势。在金融体系发展水平较高、功能健全的情况下，金融机构不仅能够对研发投资链条中试验开发型投资面临的市场风险进行跨期分散，并将可能的冲击在更长的时期分担，还能够有效防止融资者的欺骗行为，对投资项目进行监督，从而促进企业形成合理的公司治理结构，这些功能对提高企业技术创新的成功率具有重要作用。然而，如果金融发展水平较低、金融体系功能发展不完善，其不仅不能有效解决企业研发投资的融资约束问题，还会因融资约束下金融部门资金没有有效发挥自身功能优势，进而造成政府研发补贴的功能优势失效，由此导致研发投资内部短期试验开发型投资比例偏高、长期研究型投资比例偏低。

其次，从第二个层面进行解释。研究型投资活动和试验开发型投资活动对企业生产率增长影响具有互补性，这种互补性是基于两种研发投资对企业生产率增长影响的差异性提出的。研究型投资活动与试验开发型投资活动对企业生产率提升和技术进步的作用机制存在差异。要理解这一方面的差异，我们需从研发活动的完整链条对二者的作用机制进行比较。如果把企业创新活动看作一个完整的过程，研究型投资活动往往先于试验开发型投资活动。研究型投资活动能够创造新产品、新技术产生所需要的知识，为企业积累知识，是企业生产率提升和技术进步的源泉和基础动力（Henard & Mcfadyen，2005）。尽管研究型投资活动“远离市场，收益专用性较低，外部性较强”的特征明显，但研究型投资活动的成果以及活动本身还是可以用于构筑企业个体乃至企业群体的智库，这对于企业未来的研究将会大有益处（Mansfield et al.，1971）。国外多个学者研究认为研究型投资活动可以提升企业的吸收能力、有助于企业的知识转化过程（Fabrizio，2009；Rosenberg，1990；Lane & Lubatkin，1998；Dyer & Singh，1998）。总之，研究型投资活动可以通过两种方式促进生产率的提高，一方面是其研究成果可以直接作为试验开发型投资活动的投入，进而投入生产；另一方面研究型投资活动能够更大程度地提升企业的吸收能力，从而有效识别内外部信息和知识、促进企业创新活动。而试验开发型投资活动则是通过利用从研究型投资活动获取的知识，直接开发新材料、新产品以满足市场需求。试验开发型投资活动是研发型投资活动的最后一个环节，其目标就在于商业化研究活动的成果（Czarnitzki et al.，2011）。研究型投资活动的成果必须经过试验开发型投资活动才能转化为产品进入市场，从而最终实现生产率的提高，然而没有研究型投资活动作为基础，试验开发型投资活动就是无源之水、无本之木，短时期内研究型投资活动缺失似乎影响不到试验开发型投资活动，但长期而言，试验开发型投资活动对研究型投资活动成果的消耗以及研究型投资活动的缺失，必然会阻碍研发投资促进企业生产率提高的过程。结合第一个层面的解释，总结来说，融资约束下异质性研发投资对企业生产率的影响效应，在于金融发展水平较低以及融资约束现实下导致的企业异质性研发投资比例的失衡对企业生产率增长产生的负向影响。

5.2 研究设计

5.2.1 样本选择及数据来源

本书选取了2007—2013年证监会行业分类的制造业上市公司作为研究样本，数据来源于Wind数据库。由于本书研究的主体为具有研发行为的企业，且考虑到研发投资的异质性，非制造业以外行业的企业同时具有研究行为和试验开发行为的数量极少，因此本书的研究样本仅选取了研发行为特征明显的制造业上市公司。样本筛选过程如下：第一，删除所有的 ST 公司；第二，删除所有没有研发投资行为以及重要指标数据为空的公司；第三，由于要对总研发投资以及两阶段异质性研发投资进行研究，为保证模型的稳定性并便于对不同阶段回归结果进行比较，删除只存在研究型投资以及只存在试验开发型投资的公司，仅保留同时拥有前后两阶段异质性研发投资数据的公司。根据本书研究需要，由于“研发费用”这一项是在 2006 年会计制度改革后才全部公开，因此本书样本选择年份从 2007 年开始。

5.2.2 研究方法及框架

本章的目的旨在验证第 3 章的理论模型假说，依据第 3 章数理模型推导的过程及结论，并借鉴已有相关实证研究的经验，本章的实证采用两步分析法对融资约束下异质性研发投资对企业生产率的影响效应进行验证。第一步，我们使用固定效应面板模型和调节效应模型对融资约束下不同外部资金渠道对企业异质性研发投资组成的影响进行验证，并通过倾向得分匹配方法对回归结果进行检验；第二步，我们使用广义倾向得分匹配方法，通过消除选择性偏误和内生性问题，对两种异质性研发投资对企业生产率的影响进行连续性的线性分析，并结合第一步的结果验证融资约束下异质性研发投资对企业生产率的影响效应。

5.2.2.1 融资约束下外部资金渠道对企业异质性研发投资影响的模型设定

（1）固定效应面板模型设定

使用固定效应面板模型进行回归，通过控制由于遗漏潜在变量和多重共线性问题对研究可能造成的影响，具体的模型设定分为两个部分。

a. 基于样本总体的模型设定

第一，由于已有相关研究实证模型多是基于以总研发投资为被解释变量的回归模型，考虑到此处模型回归的稳健性，除了设定以两种异质性研发投资为被解释变量的回归模型，同时也设定了以总研发投资为被解释变量的回归模型，于是分别有融资约束下外部资金渠道对企业总研发投资及两种异质性研发投资的影响模型。构建模型（5.1），其中下标 i 代表个体，t 代表时间，α_i 表示 i 企业研发投资对整个时期内平均研发投资的偏离，γ_t 表示时期个体恒量，u_{it}表示模型残差项，主要解释变量有企业自身现金（*Cash*）、从金融体系获得的融资（*Equity*、*Debt*）和政府研发补贴（*Gov*），*Control* 代表控制变量组，将在 5.2.3 变量定义中进行具体解释。在回归中模型中的 RD_{it} 依次取总研发投资强度（*R&D intensity*）、研究型投资强度（*R intensity*）、试验开发型投资强度（*D intensity*）。重点考察融资约束下企业自身现金（*Cash*）、从金融体系获得的融资（*Equity*、*Debt*）和政府研发补贴（*Gov*）对企业总研发投资及两种异质性研发投资的影响效应，具体模型设定如下：

$$RD_{it}=m+\beta_1 Gov_{it}+\beta_2 Cash_{it}+\beta_3 Equity_{it}+\beta_4 Debt_{it}+\beta_5 Control_{it}+\alpha_i+\gamma_t+u_{it} \quad (5.1)$$

第二，为了进一步验证融资约束下不同外部资金渠道对企业异质性研发投资的影响效应，进一步设定了融资约束下外部资金渠道对企业现金平滑总研发投资及两种异质性研发投资的调节效应模型。在模型（5.1）考察企业自身现金（*Cash*）、从金融体系获得的融资（*Equity*、*Debt*）和政府研发补贴（*Gov*）对企业总研发投资及两种异质性研发投资影响效应的基础上，为了验证从金融体系获得的融资（*Equity*、*Debt*）和政府研发补贴（*Gov*）对企业使用自身现金平滑研发投资的刺激作用，分别加入政府补贴与企业现金的交叉项（*Gov*×*Cash*）、股权融资与企业现金的交叉项（*Equity*×*Cash*）和债权融资与企业现金的交叉项（*Debt*×*Cash*），构建调节效应模型（5.2）。为防止变量间过多的共线性，三个交叉项分别依次放入模型进行回归，具体模型为：

$$RD_{it}=m+\beta_1 Gov_{it}+\beta_2 Cash_{it}+\beta_3 Equity_{it}+\beta_4 Debt_{it}+\beta_5 Equity_{it}\times Cash_{it}+\beta_6 Debt_{it}\times Cash_{it}+\beta_7 Gov_{it}\times Cash_{it}+\beta_8 Control_{it}+\alpha_i+\gamma_t+u_{it} \quad (5.2)$$

b. 基于融资约束变量分组的模型设定

由于企业异质性的存在，不同企业面临的融资约束程度存在差异，为了进一步验证融资约束下不同外部资金渠道对不同类型企业异质性研发投资的影响效应，进一步基于融资约束变量的虚拟变量设定了模型(5.3)。其中对企业融资约束类型的划分将在5.2.3变量定义中进行具体解释。模型（5.3）中“#1、#2、#3”分别代表不同融资约束分类(分别按照所有制属性、资本密集度、企业规模特征进行分类）中的企业性质虚拟变量，利用企业性质虚拟变量“#1、#2、#3”分别与政府研发补贴（*Gov*）、从金融体系获得的融资（*Finance*，此处仅考虑使用总的金融部门资金）的交叉项来考察不同外部资金渠道对不同融资约束类型企业总研发投资及两种异质性研发投资的影响，利用企业性质虚拟变量“#1、#2、#3”与从金融体系获得的融资（*Finance*）、企业自身现金（*Cash*）的交叉项来考察金融部门资金对不同融资约束类型企业使用自身现金平滑研发投资的刺激作用，利用其与政府研发补贴（*Gov*）、企业自身现金（*Cash*）的交叉项来考察政府研发补贴对不同融资约束类型企业使用自身现金平滑研发投资的刺激作用，模型（5.3）如下：

$$RD_{it}=m+\beta_1\times\#1\times Gov_{it}+\beta_2\times\#2\times Gov_{it}+\beta_3\times\#3\times Gov_{it}+\beta_4 Cash_{it}+\beta_5\times\#1\times Finance_{it}+\beta_6\times\#2\times Finance_{it}+\beta_7\times\#3\times Finance_{it}+\beta_8\times\#1\times Finance_{it}\times Cash_{it}+\beta_9 *\#2\times Finance_{it}\times Cash_{it}+\beta_{10}\times\#3\times Finance_{it}\times Cash_{it}+\beta_{11}\times\#1\times Gov_{it}\times Cash_{it}+\beta_{12}\times\#2\times Gov_{it}\times Cash_{it}+\beta_{13}\times\#3\times Gov_{it}\times Cash_{it}+\beta_{14} Control_{it}+\alpha_i+\gamma_t+u_{it} \quad (5.3)$$

（2）倾向得分匹配方法及模型设定

由于回归模型中可能存在的选择性偏误和内生性等问题，这里采用罗森鲍姆和鲁宾（Rosenbaum & Rubin）提出的“倾向得分匹配”方法（PSM）对以上回归模型进行检验。回归模型的目的是分析融资约束下不同外部资金渠道对企业异质性研发投资的影响效应，这里根据企业是否选择“某种异质性研发投资行为（研究型投资或试验开发型投资）”将样本企业分为处理组（选择某种异质性研发投资行为者）和控制组（没有选择某种异质性研发投资行为者）。“倾向得分匹配”方法（PSM）多用于因果推断领域，其基本思想是，在评估某项政策或措施时，若找到与处理组尽可能相似的控制组，那么样本选择偏误就可以被有效降低。通过使用 PSM 方法，将企业多个特征浓缩成一个指标——倾向得分值（Propensity Score，PS 值），使得在控制组与处理组其他特征相似的情况下，比较两者从不同外部资金渠道获得的资金以及企业现金流变化的差异。

PS 值定义为在给定样本特征 $\boldsymbol{J}$ 的情况下，某家企业选择某种异质性研发投资行为（研究型投资或试验开发型投资）的条件概率，即：

$$p(\boldsymbol{J})=P_r[D=1 \mid \boldsymbol{J}]=E[D \mid \boldsymbol{J}] \tag{5.4}$$

其中，D 是一个指标函数，若某个企业选择了研究型（或试验开发型）投资行为，则 $D=1$，否则 $D=0$。那么，对于第 i 家企业而言，已知其 PS 值为 $p(\boldsymbol{J}_i)$，则选择某种异质性研发投资行为的平均处理效果为：

$$\begin{aligned} ATT &= E[V_{1i}-V_{0i} \mid D_i=1] \\ &= E\{E[V_{1i}-V_{0i} \mid D_i=1,\ p(\boldsymbol{J}_i)]\} \\ &= E\{E[V_{1i} \mid D_i=1,\ p(\boldsymbol{J}_i)]-E[V_{0i} \mid D_i=0,\ p(J_i)] \mid D_i=1\} \end{aligned} \tag{5.5}$$

其中，V_{1i}和 V_{0i}分别表示同一个企业在选择和不选择研究型（或试验开发型）投资行为两种情况下的从不同外部资金渠道获得的资金量或企业现金流变化量。

在实证分析中，PS值是不可观测的，通常采用Logit或Probit等概率模型进行估计，估计方法如下：

$$p(\boldsymbol{J}_i)=P_r[D_i=1 \mid \boldsymbol{J}_i]=\frac{\exp(M\boldsymbol{J}_i)}{1+\exp(M\boldsymbol{J}_i)} \tag{5.6}$$

其中，exp(·)/[1+exp(·)]表示逻辑分布的累计分布概率，$\boldsymbol{J}_i$是一系列可能影响企业是否选择研究型（或试验开发型）投资行为的企业变量特征构成的向量，M为相应的参数向量。通过估计式（5.6），可以得到相应企业i的倾向得分值$p(\boldsymbol{J}_i)$。根据PS值，采用特定的匹配方法就可以对样本进行匹配，常用的匹配方法有：最近邻匹配（Nearest-Neighbor Matching）、半径匹配（Radius Matching）和核匹配（Kernel Matching）（Becker & Ichino，2002），具体匹配方法较为复杂，这里不进行详细说明。在方法选取上，本书使用了最近邻匹配方法，并用半径匹配和核匹配对最近邻匹配的结果进行稳健性检验。为了保障样本的匹配效果，在匹配中对数据进行了一些细节处理：第一，在构建计算PS值的Logit回归模型时，为了保证配对的效果，对解释变量的选取要通过共同支撑假设和平行假设，使得配对后企业之间的匹配变量间不存在明显差别，目的在于当仅仅考虑企业匹配变量特征时，无法对企业是否选择某种异质性研发投资行为做出判断；第二，在匹配时考虑到分组后可配对的企业数量，对于“是否选择研究型投资”的样本组采用1∶1的配对比例，对“是否选择试验开发型投资”的样本组采用1∶3的配对比例；第三，考虑到所选取的样本数据横跨多个年份和行业，在匹配变量中分别加入了年度虚拟变量和行业虚拟变量。

5.2.2.2 异质性研发投资对企业生产率影响的模型设定

这里使用广义倾向得分匹配方法，通过分别估计研究型投资对企业生产率的剂量反应函数和处理效应函数（又称边际效应函数）、试验开发型投资对企业生产率的剂量反应函数和处理效应函数，从而对异质性研发投资对企业生产率的影响进行分析。这里模型关注的结果变量使用4.3.1中估计出的企业生产率 ω_i 表示，处理变量分别用企业研究型投资强度、试验开发型投资强度表示。为了对企业生产率与两种异质性研发投资间的剂量反应函数进行估计，使用伊本斯（Imbens，2000）以及希拉诺和伊本斯（Hirano & Imbens，2004）的方法进行估计。根据这个方法，首先构建基本模型框架。由于处理变量有两个，因此需要分别估计出两个剂量反应函数，为简单起见，以下模型中统一用SLRD代表处理变量，在估计过程中再分别代入长期研究型投资强度和短期试验开发型投资强度。另外，由于这里使用的方法与4.3.2中一致，且研究型投资和试验开发型投资同属于研发投资，以下模型中将选取与4.3.2相同的预处理协变量，以下模型构建和估计说明中除了处理变量符号换作使用 *SLRD* 表示，其他变量和参数符号与4.3.2中保持一致。

这里同样假设样本企业随机排列，编号依次为 $i=1, 2, \cdots, N$。对于企业 i，存在可观测的 $p\times1$ 维预处理协变量 $\boldsymbol{X}_i$，在非混淆假说下，预处理协变量 $\boldsymbol{X}_i$ 需包含足够的信息能够使潜在的结果变量 $\omega_i(slrd)$ 独立于处理变量 *SLRD*；同时还存在处理变量 *SLRD* 以及与每一个处理变量相对应的结果变量 $\omega_i(SLRD)$。根据鲁宾（Rubin）的因果模型（Holland，1986），我们将单位水平的剂量反应函数定义为 $\{\omega_i(slrd)\}_{slrd\in\tau}$，$i=1, \cdots, N$，其中 τ 表示一组连续的潜在处理变量值，$\omega_i(slrd)$ 为定义的随机变量，目的是估计平均水平的剂量反应函数 $\mu(slrd)=E\{\omega_i(slrd)\}$。根据希拉诺和伊本斯（Hirano & Imbens，2004）的方法，我们对广义倾向得分匹配模型的参数估计分为以下三步：

第一步，我们对处理变量及预处理协变量的定义如下：

$$\omega_i \mid \boldsymbol{X}_i \sim N(c_0+c_1^* \boldsymbol{X}_i,\ \boldsymbol{\sigma}^2) \tag{5.7}$$

其中，$N(\cdot)$为一个正态模型，对正态模型中服从条件分布的参数$(c_0,\ c_1^*,\ \boldsymbol{\sigma}^2)$估计使用最大似然法进行估计，由此需要估计的广义倾向得分匹配模型定义如下：

$$\hat{S}_i = \frac{1}{\sqrt{2\pi\hat{\sigma}^2}}\exp\left\{-\frac{1}{2\hat{\sigma}^2}\ (SLRD-\hat{c}_0-\hat{c}_1^* \boldsymbol{X}_i)^2\right\} \tag{5.8}$$

方程（5.8）中的广义倾向得分 S_i 需要满足能够衡量异质性企业间的类似程度的条件，在此情况下，模型的平衡性才能得到满足。在满足此条件的情况下，在同一广义倾向得分值 $s(slrd,\ \boldsymbol{X})$ 分布区域内，$SLRD$ 与 $slrd$ 是否相等是独立于预处理协变量 $\boldsymbol{X}$ 的。

第二步，我们将结果变量 ω_i 的条件期望设为处理变量 $SLRD$ 以及广义倾向得分估计值 GPS(S_i)的函数，这里采用二次方程进行估计，计算公式如下：

$$E[\omega_i \mid SLRD,\ S_i]=d_0+d_1\times SLRD+d_2\times SLRD^2+d_3\times S_i+ d_4\times S_i^{\ 2}+d_5\times SLRD\times S_i \tag{5.9}$$

其中 S_i 用从第一步获得的估计值 $\hat{S}_i$ 代替，然后使用最小二乘法对方程（5.9）中的参数进行估计。

第三步，我们使用方程（5.9）中估计的参数测算平均潜在的结果变量，计算公式如下：

$$E[\omega\ (\widehat{slrd})] = \frac{1}{N}\sum_{i=1}^{N}[\hat{d}_0 + \hat{d}_1 \times slrd + \hat{d}_2 \times slrd^2 + \hat{d}_3 \times \hat{s}(slrd,\ X_i) + \hat{d}_4 \times \hat{s}(slrd,\ X_i)^2 + \hat{d}_5 \times slrd \cdot \hat{s}(slrd,\ X_i)] \tag{5.10}$$

通过计算方程（5.10），我们可以得到处理变量任意水平上对应的潜在结果变量值，从而得到相应的异质性研发投资与生产率的剂量反应函数。通过对方程（5.10）进行求导，可以分别得到不同异质性研发投资与生产率的边际效应函数。最后，标准误差和置信区间是由自助抽样方法获得的。

5.2.3 变量定义

根据 5.2.2 中对模型研究方法及框架的设计，虽然不同模型中使用的变量有所重合，但为了使变量定义的条理更为清晰准确，这里也依据以上设计的两步分析法，在相应的步骤中对相应模型使用的变量进行逐一定义。

5.2.3.1 第一步分析模型的变量定义

（1）固定效应面板模型的变量定义

a. 被解释变量

被解释变量包括三个：总研发投资强度（*R&D intensity*）、研究型投资强度（*R intensity*）和试验开发型投资强度（*D intensity*），分别用总研发投资与资本存量的百分比、研究型投资与资本存量的百分比、试验开发型投资与资本存量的百分比表示。本书依据经济合作与发展组织（OECD）对不同类别研发投资活动的定义，将总研发投资划分为研究型投资和试验开发型投资，由于企业数据中没有将研发经费细分为基础研究投资、应用研究投资、试验开发投资，所以用研究型投资代表前两种活动投资总和。具体而言，根据会计核算准则中对研发投入费用化和资本化的处理方式，由于研究阶段投资的未来获取收益的不确定性较高，用财务指标中“研发费用”作为“研究型投资”的代理变量；试验开发阶段投资的收益确定性较强，根据 2006 年会计制度改革后新的会计准则，开发阶段的支出符合资本化条件（能够带来确定性收益）的部分可计入“无形资产”，这里认为这些与研发投资相关的资本化部分属于企业研发活动链条后端（试验开发一端）的投入，且由于样本为制造业企业，因此可将其与资本化的“开发支出”一并合计作为“试验开发型投资”的代理变量。总研发投资记为“研究型投资”与

“试验开发型投资”之和。

b. 解释变量

主要解释变量包括三类：企业现金占比（*Cash*），用企业期初现金余额与总资产的百分比代表；鉴于政府补贴中部分资金是用于非研发类的项目，本书根据解维敏等（2009）的做法，通过对上市公司年报中“政府补助”和“专项应付款”项下属于研发补助的科目进行手工收集获得政府研发补贴的数据，用该变量与企业营业收入百分比代表政府研发补贴（*Gov*）；来自金融体系的融资包括：股权融资占比（*Equity*）和债券融资占比（*Debt*），依照顾群等（2014）的做法，前者用“（期末股本+期末资本公积-期初股本-期初资本公积）与企业总资产的百分比”代表，后者用“（期末非流动负债-期初非流动负债）与企业总资产的百分比”代表，另外，来自金融体系总的融资占比（*Finance*）用企业筹资获得现金占比表示，财务报表中企业“筹资活动获得的现金流净额”主要是指企业从金融部门筹资获得的资金，计算方法为企业筹资活动获得的现金流净额占企业总资产的百分比。

由于企业研发投资行为还受到其他因素的影响，本书在参照弗朗西斯等（Francis et al.，1995）、霍姆斯特姆（Holmstrom，1989）、吴延兵（2007）、成力为等（2012）、鲁桐等（2014）等文献的基础上选取以下变量作为控制变量组 ***Control*** 的指标：企业规模（*Size*），用营业收入的对数值代表，考虑到研发投资与企业规模的倒“U”型关系，还加入了企业规模的平方项 $Size^2$；企业年龄（*Age*），用成立年份到观测值当年的年数代表；资本密集度（*Capten*），用固定资产与雇员总数比值代表；技术密集度（*Techten*），用总研发投资与应付职工薪酬比值代表；负债水平（*Level*），用资产负债率代表；行业研发投资强度（*Inten_i*），用所处行业的总研发投资与行业总营业收入的百分比代表；股权平衡度（*Balance*），用第二至第十大股东持股比例合计代表；管理层报酬（*Ep-*

ay），用管理层报酬总额的对数值代表。

c. 企业融资约束类型变量划分

从企业微观层面讲，在市场体系不够发达，尤其是金融体系发展不完善的情况下，对企业融资约束程度产生影响的内部因素主要有：企业所有权属性、规模大小、资产组成比例（资本密集程度）等因素。本书对企业融资约束程度的划分是根据企业所有权性质、资本密集度（*Capten*）以及企业规模三个企业特征或属性对制造业上市公司进行了以下分类：第一，按照企业所有权属性，企业可划分为国有企业（*State*）、私营企业（*Private*）和外资企业（*Foreign*），生成虚拟变量*State*、*Private*、*Foreign*。国有企业是由政府声誉担保的，经营风险小，且其与国有商业银行的天然联系，使其很容易获得以银行为主的债权人的资金支持（王彦超，2009），外资企业由于拥有完善的治理结构和信息披露制度，也较为容易获得投资者的支持。因此，三类企业相比，民营企业融资约束程度最大，外资企业次之，国有企业最小。第二，按照企业资本密集度（*Capten*）排序，将企业分为三组，企业性质依次为低（*Low*）、中（*Mid*）、高（*High*）资本密集度企业，生成虚拟变量依次为 *Low_cap*、*Mid_cap*、*High_cap*。资本密集度越高的企业，其资产的可抵押性越强，因此，在获取外部融资时其面临的融资约束程度越低。第三，按照企业规模特征将企业性质分为大规模企业（*Main*）、中小规模企业（*Sme*）以及创业型企业（*Gem*），生成虚拟变量 *Main*、*Sme*、*Gem*。企业规模特征主要是依据上市公司主板、中小企业板和创业板三个板块的企业规模和技术特征进行的划分，三类企业规模依次降低，创新性依次升高，通常认为规模越大的企业，拥有较高的资信等级和外部投资者关系，面临的融资约束也就越低，而创新性越高的企业相比于传统企业，其面临的融资约束越严重，因此大规模企业（*Main*）、中小规模企业（*Sme*）以及创业型企业（*Gem*）面临的融资约束程度依次提高。

（2）倾向得分匹配模型的变量定义

根据构建倾向得分匹配模型的目的，变量定义分别以实验分组变量、匹配变量、结果变量三个类别进行介绍：第一，以两个实验分组变量为标准分别对未筛选的样本企业进行分组，以企业“是否具有研究型投资行为”为标准，将企业分为处理组1与控制组1，以企业“是否具有试验开发型投资行为”为标准，将企业分为处理组2与控制组2，其中研究型投资与试验开发型投资的划分依据上一节中被解释变量定义部分的内容。第二，匹配变量 ***J*** 主要是选择与企业研发投资相关的变量，在本书中已选取用来代表两类研发投资行为的变量“研究型投资”与“试验开发型投资”均属于研发投资的一部分，影响研发投资的变量对这两个变量也会产生影响，因此，针对两个实验分组变量选择同一组匹配变量进行 Logit 概率模型的构建。根据回归模型中选取对研发投资影响的因素，选取了以下影响变量：企业规模（*Size*）、企业规模的平方项（$Size^2$）、企业年龄（*Age*）、利润率（*Profit*）、资本密集度（*Capten*）、技术密集度（*Techten*）、负债水平（*Level*）、总资产报酬率（*Roaa*）、企业员工数量（*Labor*），同时，匹配变量还加入了年度虚拟变量和行业虚拟变量。以这些匹配变量为基础分别对两个实验分组变量进行 Logit 概率回归，并依据共同支撑假设和平行假设对变量进行相应筛选，构建适合两个实验分组变量的匹配模型，计算相应的 PS 值。第三，选取的结果变量为政府研发补贴（*Gov*）、股权融资占比（*Equity*）、债券融资占比（*Debt*）、现金流变化量（*Cashflow*）以及企业内源资金（*Internal*），前三个变量依据上一节中主要解释变量定义部分的内容，现金流变化量（*Cashflow*）取企业现金及现金等价物净增加额占总资产百分比，企业内源资金（*Internal*）用“（期末盈余公积+期末未分配利润-期初盈余公积-期初未分配利润）与期末总资产的百分比”代表。

5.2.3.2 第二步分析模型的变量定义

异质性研发投资对企业生产率影响的广义倾向得分匹配模型选取的具体变量有：第一，结果变量是 4.3.1 节中估计出的企业生产率 ω_i（*tfp*）；第二，处理变量有两个，分别是企业研究型投资强度（*R intensity*）和试验开发型投资强度（*D intensity*），变量具体定义参照上一节被解释变量的定义，考虑到研发投资产出的滞后性以及为了防止同时性问题，且研究型投资相对于试验开发型投资周期更长，分别选取滞后一期的试验开发型投资强度（*D intensity*）以及滞后两期的研究型投资强度（*R intensity*），同时考虑到偏态分布的可能，在估计模型中分别取两个处理变量的零偏态对数值；第三，对于处理变量试验开发型投资强度（*D intensity*），由于其变量选取滞后一期，与之对应的预处理协变量 **X** 包括滞后两期的企业生产率 ω_i(*tfp*)、滞后一期企业年龄（*Age*）的零偏态对数值、滞后一期企业员工数量（*Labor*）的零偏态对数值、滞后一期营业收入（*Income*）的零偏态对数值、滞后一期的利润率（*Profit*）、滞后一期的资本密集度（*Capten*）、滞后一期的技术密集度（*Techten*）、行业虚拟变量、所有制虚拟变量。对于处理变量研究型投资强度（*R intensity*），由于其变量选取滞后两期，与之对应的预处理协变量 **X** 包括滞后三期的企业生产率 ω_i(*tfp*)、滞后两期企业年龄（*Age*）的零偏态对数值、滞后两期企业员工数量（*Labor*）的零偏态对数值、滞后两期营业收入（*Income*）的零偏态对数值、滞后两期的利润率（*Profit*）、滞后两期的资本密集度（*Capten*）、滞后两期的技术密集度（*Techten*）、行业虚拟变量、所有制虚拟变量。以上预处理协变量的变量定义在上一节均出现过，因此其变量定义参照上一节内容。

5.3 外部资金渠道对企业异质性研发投资的影响效应检验

5.3.1 基于样本总体的检验

5.3.1.1 外部资金渠道对企业异质性研发投资的影响结果

表5.1为模型（5.1）外部资金渠道对企业总研发投资及两种异质性研发投资影响的回归结果。表中（1）（2）（3）列分别以企业总研发投资强度（*R&D intensity*）、研究型投资强度（*R intensity*）和试验开发型投资强度（*D intensity*）为被解释变量。由表中（1）（2）（3）列结果来看：第一，企业自身现金占比（*Cash*）显著正向影响研究型投资强度，对企业总研发投资强度和试验开发型投资强度影响不显著，这显示了企业自有资金优势：不需要抵押、没有形成逆向选择问题，不存在放大与财务危机相关的问题，同时也说明了研究型投资对企业自有现金流动性的依赖程度更高；第二，从金融体系获得的融资对三个因变量的影响结果显示，股权融资（*Equity*）对企业总研发投资强度和试验开发型投资强度显著负向影响，对研究型投资强度影响不显著，债权融资（*Debt*）对三者影响均不显著。较研究型活动投资，试验开发型活动投资的风险小得多，且其投资的收益独占性更高，金融部门资金本应在这一阶段的研发资金配置中发挥优势作用，但由于目前中国金融体系效率低下、功能发展不完善，其发展水平还达不到对研发链条中短期试验开发型活动的资金配置发挥相对优势的程度；第三，政府研发补贴（*Gov*）显著正向影响企业总研发投资强度和试验开发型投资强度，但对研究型投资强度影响不显著。这在一定程度上反映了政府资金对研发投资的配置功能主要在试验开发阶段发挥作用，这与政府资金在对企业研发投资配置中补偿市场失灵的核心功能和国家科技部的科学计划部署

中对企业科技支持的定位错位。政府研发补贴对研究型投资强度影响不显著，却显著正向影响试验开发型投资强度，在一定程度上反映了其在微观层面上行使金融部门本应行使的配置资金的功能。因为离市场越近，应该是金融体系配置资金的优势越明显，而政府弥补社会收益与私人收益的核心功能作用余地越小。这似乎导致了一个逻辑上的问题：外源资金主体对企业研发投资进行配置时，政府资金起主要的推动作用，而政府又在微观上行使金融的功能，对企业研发投资作用的阶段滞后，政府资金对企业研发投资配置作用中矫正市场失灵的核心功能不起主要作用。正是由于这种金融发展水平较低、金融体系功能发展不完善的现状诱导的政府资金对企业研发投资的配置作用发生阶段滞后的结果，最终导致企业研发投资大量集中于试验开发型投资，研究型投资相对不足。

表 5.1 外部资金渠道对企业异质性研发投资的影响结果

变量及模型参数	研发投资强度		
	总研发投资强度（*R&D intensity*）	研究型投资强度（*R intensity*）	试验开发型投资强度（*D intensity*）
	（1）	（2）	（3）
Gov	0.386** （2.18）	0.039（0.84）	0.347** （2.13）
Cash	0.007（0.26）	0.008* （1.66）	−0.001（−0.04）
Equity	−0.049** （−2.45）	−0.006（−1.21）	−0.043** （−2.37）
Debt	−0.006（−0.19）	−0.007（−0.79）	0.0004（0.01）
Size	−33.9*** （−5.23）	−5.72*** （−3.38）	−28.2*** （−4.73）
$Size^2$	1.013*** （3.88）	0.173** （2.53）	0.840*** （3.51）
Age	1.513*** （6.81）	0.344*** （5.92）	1.169*** （5.73）
Capten	0.002（0.74）	−0.0002（−0.32）	0.002（0.89）
Techten	0.0001（0.15）	−0.00002（−0.21）	0.0001（0.23）
Level	0.086*** （2.65）	−0.001（−0.11）	0.086*** （2.91）
Inten_i	0.488*** （2.54）	0.284*** （5.65）	0.204（1.16）
Balance	−0.011（−1.10）	−0.005* （−1.88）	−0.006（−0.66）
Epay	1.282* （1.87）	0.160（0.89）	1.123* （1.78）
R-sq	0.169	0.164	0.127

注：括号内为回归系数对应的 t 统计量。*、**、*** 分别表示系数在 10%、5%、1% 的水平上显著性明显。

5.3.1.2 外部资金渠道对企业异质性研发投资的影响结果——调节效应

表5.2是模型（5.2）的回归结果：首先，从金融体系获得的融资与企业现金交叉项结果显示，股权融资对企业现金平滑总研发投资及两种异质性研发投资的调节效应都不显著，债权融资对企业现金平滑总研发投资及试验开发型投资的调节效应为显著正效应，对企业现金平滑研究型投资的调节效应不显著，由此可见，来自金融体系的资金虽不能直接促进企业研发投资的增加，但能够通过增加现金持有以激励企业使用自有资金投资研发活动，但综合表5.1中从金融体系获得的融资（包括股权融资 *Equity*、债券融资 *Debt*）对企业研发投资的影响结果，可以看出由于中国金融体系发展不完全，金融部门高效配置资金的核心功能、分散风险衍生功能发展不完善，金融部门资金并没有对研发投资链条中短期试验开发型活动的资金配置起到应有的作用。其次，从表5.2中（3）（6）和（9）列可以看到政府研发补贴对企业现金平滑总研发投资及两种异质性研发投资的调节效应均为显著正效应，这表明政府研发补贴在一定程度上可以缓解企业研发投资的融资约束、降低企业融资成本和风险，从而促进企业使用自身现金对研发投资项目进行平滑。

表 5.2 外部资金渠道对企业异质性研发投资的影响结果——调节效应

变量及模型参数	研发投资强度								
	总研发投资强度			研究型投资强度			试验开发型投资强度		
	(1)	(2)	(3)	(4)	(5)	(6)	(7)	(8)	(9)
Gov	0.39*** (2.18)	0.39** (2.18)	-0.19 (-0.71)	0.04 (0.84)	0.04 (0.84)	-0.14** (-2.04)	0.35** (2.13)	0.35** (2.14)	-0.05 (-0.19)
Cash	0.01 (0.20)	0.003 (0.12)	-0.02 (-0.85)	0.01 (1.16)	0.01 (1.16)	-0.002 (-0.30)	-0.003 (-0.11)	-0.01 (-0.20)	-0.02 (-0.84)
Equity	-0.06** (-2.25)	-0.05** (-2.57)	-0.05** (-2.48)	-0.004 (-0.54)	-0.01 (-1.17)	-0.01 (-1.19)	-0.06** (-2.30)	-0.04** (-2.46)	-0.04** (-2.36)
Debt	-0.01 (-0.25)	-0.08 (-1.49)	-0.01 (-0.25)	-0.01 (-0.77)	0.001 (0.06)	-0.01 (-0.86)	-0.0003 (-0.01)	-0.09 (-1.65)	-0.001 (-0.03)
Equity×*Cash*	0.001 (0.59)			-0.0003 (-0.55)			0.001 (0.80)		
Debt×*Cash*		0.01* (1.70)			-0.001 (-0.65)			0.01** (2.04)	
Gov×*Cash*			0.03*** (2.83)			0.01*** (3.44)			0.02** (2.11)
Size	-34*** (-5.24)	-34*** (-5.29)	-34*** (-5.31)	-5.7*** (-3.36)	-5.7*** (-3.35)	-5.9*** (-3.48)	-28*** (-4.75)	-29*** (-4.8)	-29*** (-4.79)

续表

变量及模型参数	研发投资强度								
	总研发投资强度			研究型投资强度			试验开发型投资强度		
	(1)	(2)	(3)	(4)	(5)	(6)	(7)	(8)	(9)
Size^2	1.02*** (3.89)	1.03*** (3.94)	1.03*** (3.95)	0.17** (2.52)	0.17** (2.51)	0.18*** (2.62)	0.84*** (3.52)	0.86*** (3.58)	0.85*** (3.56)
Age	1.51*** (6.81)	1.50*** (6.77)	1.54*** (6.95)	0.34*** (5.92)	0.35*** (5.94)	0.35*** (6.09)	1.17*** (5.74)	1.16*** (5.69)	1.19*** (5.83)
Capten	0.002 (0.73)	0.002 (0.72)	0.002 (0.81)	-0.0002 (-0.31)	-0.0002 (-0.31)	-0.0002 (-0.23)	0.002 (0.88)	0.002 (0.87)	0.002 (0.95)
Techten	0.0001 (0.15)	0.0001 (0.11)	3E-05 (0.07)	-2E-05 (-0.22)	-2E-05 (-0.20)	-4E-05 (-0.32)	0.0001 (0.23)	0.0001 (0.18)	0.0001 (0.16)
Level	0.09*** (2.65)	0.08*** (2.59)	0.09*** (2.62)	-0.001 (-0.11)	-0.001 (-0.08)	-0.001 (-0.14)	0.09*** (2.92)	0.08*** (2.84)	0.09*** (2.90)
Inten_i	0.49*** (2.53)	0.49** (2.55)	0.48** (2.50)	0.28*** (5.65)	0.28*** (5.64)	0.28*** (5.61)	0.20 (1.15)	0.21 (1.17)	0.20 (1.13)
Balance	-0.01 (-1.09)	-0.01 (-1.03)	-0.01 (-1.01)	-0.01* (-1.89)	-0.01* (-1.90)	-0.01* (-1.77)	-0.01 (-0.65)	-0.01 (-0.58)	-0.01 (-0.59)
Epay	1.29* (1.88)	1.30* (1.89)	1.22* (1.78)	0.16 (0.88)	0.16 (0.88)	0.14 (0.78)	1.13* (1.79)	1.14* (1.81)	1.08* (1.72)
R-sq	0.169	0.170	0.173	0.165	0.165	0.171	0.127	0.129	0.130

注：括号内为回归系数对应 t 统计量。*、**、***分别表示系数在 10%、5%、1%的水平上显著性明显。

5.3.2 基于融资约束变量分组的检验

5.3.2.1 基于所有制类型分组的检验

表5.3为依据模型（5.3），利用所有制类型虚拟变量分别与政府研发补贴（*Gov*）、金融体系总的融资占比（*Finance*）的交叉项来考察不同外部资金渠道对不同所有制企业总研发投资及两种异质性研发投资的影响，利用所有制类型虚拟变量与金融体系总的融资占比（*Finance*）、企业现金占比（*Cash*）的交叉项来考察金融部门资金在促进不同所有制企业利用内部资金投资研发活动的刺激作用，利用所有制类型虚拟变量与政府研发补贴（*Gov*）、企业现金占比（*Cash*）的交叉项来考察政府研发补贴在促进不同所有制企业利用内部资金投资研发活动的刺激作用。

从表5.3（1）（3）（5）列 *State*×*Gov*、*Priva*×*Gov* 系数来看，政府研发补贴（*Gov*）对国有企业研发链条中的研究型投资、私营企业总研发投资及两种异质性研发投资促进作用均显著，且其主要作用于私营企业研发链条中的短期试验开发型投资，但从（2）（4）（6）列加入 *Gov*×*Cash* 与所有制虚拟变量交叉项后发现，政府研发补贴（*Gov*）对国有企业研究型投资、私营企业总研发投资的促进作用由显著变得不显著，对私营企业研究型投资由显著正向变为显著负向影响，对私营企业试验开发型投资的促进作用减小，而其间接带动企业内部资金投资相应阶段异质性研发投资的作用效果都显著为正（见表5.3（2）（4）（6）列 *State*×*gov*×*cash* 研究型投资、*Priva*×*Gov*×*Cash* 总研发投资及两种异质性研发投资），也就是说在考虑政府研发补贴（*Gov*）对企业使用内部资金进行研发投资的带动作用时，出现了政府研发补贴（*Gov*）促进企业研发投资从直接作用到调节效应的转移，且这种调节效应也主要作用于私营企业的研发投资。从表5.3中 *State*×*Finance*、*Priva*×*Finance* 的回归结果可以看到，金融体系总的融资占比（*Finance*）对国有企业研究型投资、私营企业总研发投资及试验开发型投资呈显著正向影响，但明显小于政府研发补贴（*Gov*）的直接作用（见表5.3（6）列*Priva*×*Gov*与*Priva*×*Finance*），且从*State*×*Fina*×*Cash*、*Priva*×*Fina*×*Cash*的回归结果来看，金融体系总的融资占比（*Finance*）对国有企业研究型投资、私营企业总研发投资及试验开发型投资的调节效应均显著为负，即金融体系总的融资占比（*Finance*）抑制企业使用内部资金投资研发活动，并没有完全缓解企业研发活动的融资约束问题。从与外资企业（*Foreign*）相关的交叉项的回归结果来看，政府研发补贴（*Gov*）与金融体系总的融资占比（*Finance*）对这类企业研发投资没有显著影响，这是由于：一方面，制造业上市公司中外资企业数量较少；另一方面，外资企业的研发活动多是在母国进行。

表5.3　外部资金渠道对企业异质性研发投资的影响结果——所有制分类

变量及模型参数	研发投资强度					
	总研发投资强度（*R&D intensity*）		研究型投资强度（*R intensity*）		试验开发型投资强度（*D intensity*）	
	（1）	（2）	（3）	（4）	（5）	（6）
State×*Gov*	0.25 (0.98)	0.16 (0.52)	0.15** (2.54)	0.09 (1.29)	0.10 (0.42)	0.07 (0.24)
Priva×*Gov*	1.24*** (4.69)	0.40 (1.23)	0.12* (1.87)	-0.25*** (-3.3)	1.12*** (4.61)	0.66** (2.16)
Foreig×*Gov*	-2.27* (-1.58)	-2.57 (-1.28)	0.01 (0.04)	-0.29 (-0.62)	-2.28* (-1.72)	-2.28 (-1.23)
Cash	0.05* (3.77)	0.02* (1.50)	0.02*** (5.59)	0.004 (1.38)	0.03*** (2.67)	0.02 (1.27)
State×*Finance*	0.03 (0.78)	0.04 (0.85)	0.03*** (2.60)	0.03** (2.72)	0.01 (0.19)	0.01 (0.24)
Priva×*Finance*	0.08*** (3.41)	0.09*** (3.58)	0.004 (0.70)	0.01 (1.01)	0.08*** (3.52)	0.08*** (3.61)
Foreig×*Finance*	-0.12 (-1.14)	-0.11 (-0.99)	-0.02 (-0.73)	-0.02 (-0.62)	-0.10 (-1.05)	-0.09 (-0.92)

续表

变量及模型参数	研发投资强度					
	总研发投资强度 (*R&D intensity*)		研究型投资强度 (*R intensity*)		试验开发型投资强度 (*D intensity*)	
	(1)	(2)	(3)	(4)	(5)	(6)
State×Fina×Cash	-0.001 (-0.94)	-0.001 (-0.85)	-0.001** (-2.20)	-0.001** (-2.1)	-0.001 (-0.46)	-0.001 (-0.40)
Priva×Fina×Cash	-0.003*** (-6.2)	-0.003*** (-6.5)	-0.0002 (-1.45)	-0.0002** (-2.0)	-0.003*** (-6.29)	-0.003*** (-6.47)
Foreig×Fina×Cash	-0.001 (-0.34)	0.001 (0.29)	0.0001 (0.12)	6.6e-06 (0.01)	0.001 (0.33)	0.001 (0.31)
State×Gov×Cash		0.01 (0.58)		0.01* (1.67)		0.003 (0.21)
Priva×Gov×Cash		0.05*** (4.30)		0.02*** (8.15)		0.03*** (2.61)
Foreig×Gov×Cash		0.012 (0.19)		0.013 (0.88)		-0.001 (-0.02)
Size	-27.4*** (-6.35)	-27.7*** (-6.44)	-5.53*** (-5.51)	-5.70*** (-5.73)	-21.82*** (-5.49)	-21.98*** (-5.53)
$Size^2$	0.81*** (4.49)	0.82*** (4.57)	0.18*** (4.34)	0.19*** (4.53)	0.63*** (3.77)	0.63*** (3.80)
Age	1.34*** (9.32)	1.33*** (9.29)	0.33*** (9.77)	0.32*** (9.76)	1.01*** (7.62)	1.01*** (7.60)
Capten	0.004 (1.43)	0.004 (1.40)	-0.0003 (-0.45)	-0.0003 (-0.51)	0.004* (1.66)	0.004* (1.64)
Techten	0.0001 (0.56)	0.0001 (0.54)	2.42e-06 (0.05)	1.03e-06 (0.02)	0.0001 (0.59)	0.0001 (0.58)
Level	0.14*** (8.48)	0.14*** (8.61)	0.0001 (0.03)	0.001 (0.28)	0.14*** (9.18)	0.14*** (9.24)
Inten_i	0.65*** (5.00)	0.64*** (4.95)	0.24*** (7.90)	0.23*** (7.86)	0.41*** (3.43)	0.40*** (3.38)
Balance	-0.006 (-0.84)	-0.007 (-0.93)	-0.003* (-1.60)	-0.003* (-1.77)	-0.003 (-0.51)	-0.004 (-0.56)
Epay	1.71*** (3.45)	1.69*** (3.40)	0.33*** (2.86)	0.32*** (2.79)	1.38*** (3.01)	1.37*** (2.98)
R-sq	0.169	0.174	0.170	0.187	0.137	0.138

注：括号内为系数对应的 t 统计量。*、**、*** 分别表示系数在 10%、5%、1% 的水平上显著性明显。

5.3.2.2 基于资本密集度分组的检验

表5.4依据模型（5.3），利用资本密集度虚拟变量分别与政府研发补贴（*Gov*）、金融体系总的融资占比（*Finance*）的交叉项考察不同外部资金渠道对不同资本密集度企业总研发投资及两种异质性研发投资的影响，利用资本密集度虚拟变量与金融体系总的融资占比（*Finance*）、企业现金占比（*Cash*）的交叉项来考察金融部门资金在促进不同资本密集度企业利用内部资金投资研发活动的刺激作用，利用资本密集度虚拟变量与政府研发补贴（*Gov*）、企业现金占比（*Cash*）的交叉项来考察政府研发补贴在促进不同资本密集度企业利用内部资金投资研发活动的刺激作用。

从表5.4（1）（3）（5）列 *Low×Gov*、*Mid×Gov*、*High×Gov* 回归结果来看，政府研发补贴（*Gov*）对低资本密集度企业研发投资影响不显著，对中、高资本密集度企业研发投资显著正向影响，且对中资本密集度企业主要促进其研究型投资，对高资本密集度企业主要促进其试验开发型投资，但从（2）（4）（6）列加入 *Gov×Cash* 与资本密集度虚拟变量交叉项后发现，政府研发补贴（*Gov*）原有的显著正向影响变得不显著或者显著为负，而从 *Low×Gov×Cash*、*Mid×Gov×Cash*、*High×Gov×Cash* 的回归系数可以发现，政府研发补贴（*Gov*）却刺激不同资本密集度企业使用自身资金进行研发投资，这种作用随着企业资本密集度的升高逐渐提高，且主要作用于高资本密集度企业的试验开发型投资。从 *Low×Finance*、*Mid×Finance*、*High×Finance* 以及 *Low×Fina×Cash*、*Mid×Fina×Cash*、*High×Fina×Cash* 的回归系数看，金融体系总的融资占比（*Finance*）显著促进中、高资本密集度企业研发投资，从系数大小看，其对高资本密集度企业的促进作用更大，且主要作用于试验开发型投资，但金融体系总的融资占比（*Finance*）却抑制了企业利用自身资金投资研发活动。

表 5.4 外部资金渠道对企业异质性研发投资的影响结果——资本密集度分类

变量及模型参数	研发投资强度					
	总研发投资强度（*R&D intensity*）		研究型投资强度（*R intensity*）		试验开发型投资强度（*D intensity*）	
	(1)	(2)	(3)	(4)	(5)	(6)
Low×Gov	0.39 (1.49)	0.24 (0.70)	0.08 (1.25)	-0.18** (-2.19)	0.31 (1.30)	0.42 (1.32)
Mid×Gov	0.45* (1.78)	-0.06 (-0.16)	0.26*** (4.33)	-0.12 (-1.45)	0.19 (0.82)	0.07 (0.20)
High×Gov	0.27* (1.86)	-0.72*** (-3.45)	-0.01 (-0.27)	-0.17*** (-3.47)	0.28** (2.08)	-0.55*** (-2.84)
Cash	0.05*** (4.07)	0.02* (1.69)	0.02*** (5.60)	0.003 (0.97)	0.03*** (2.97)	0.02* (1.58)
Low×Finance	0.004 (0.11)	0.01 (0.17)	-0.01** (-1.09)	-0.01 (-0.90)	0.01 (0.40)	0.01 (0.41)
Mid×Finance	0.09*** (2.58)	0.09** (2.53)	0.02*** (2.88)	0.03*** (3.12)	0.07** (2.05)	0.06** (1.94)
High×Finance	0.23*** (5.88)	0.21*** (5.55)	0.02** (2.50)	0.02** (2.29)	0.20*** (5.72)	0.19*** (5.42)
Low×Fina×Cash	-0.001* (-1.53)	-0.001 (-1.28)	0.0001 (0.85)	0.0001 (0.69)	-0.001* (-1.87)	-0.001* (-1.56)
Mid×Fina×Cash	-0.002*** (-3.54)	-0.002*** (-3.37)	-0.001*** (-3.27)	-0.001*** (-3.61)	-0.002*** (-2.99)	-0.002*** (-2.72)
High×Fina×Cash	-0.01*** (-10.61)	-0.01*** (-10.86)	-0.001*** (-3.75)	-0.001*** (-3.55)	-0.01*** (-10.52)	-0.01*** (-10.83)
Low×Gov×Cash		0.02 (1.35)		0.02*** (5.39)		0.001 (0.08)
Mid×Gov×Cash		0.04*** (2.89)		0.02*** (6.90)		0.02 (1.36)
High×Gov×Cash		0.14*** (6.69)		0.02*** (4.63)		0.12*** (6.05)
Size	-26.1*** (-6.2)	-27.4*** (-6.5)	-5.57*** (-5.6)	-5.85*** (-5.9)	-20.5*** (-5.2)	-21.5*** (-5.5)

续表

变量及模型参数	研发投资强度					
	总研发投资强度 (*R&D intensity*)		研究型投资强度 (*R intensity*)		试验开发型投资强度 (*D intensity*)	
	(1)	(2)	(3)	(4)	(5)	(6)
Size^2	0.76*** (4.29)	0.82*** (4.62)	0.18*** (4.37)	0.19*** (4.67)	0.58*** (3.53)	0.62*** (3.81)
Age	1.28*** (9.11)	1.28*** (9.14)	0.33*** (9.92)	0.33*** (10.01)	0.95*** (7.32)	0.95*** (7.32)
Capten	0.004 (1.43)	0.003 (1.06)	-0.0002 (-0.28)	-0.0004 (-0.68)	0.004* (1.63)	0.003 (1.32)
Techten	0.0001 (0.52)	0.0001 (0.46)	1.53e-06 (0.03)	-9.6e-07 (-0.02)	0.0001 (0.55)	0.0001 (0.50)
Level	0.13*** (8.00)	0.13*** (8.21)	-0.001 (-0.24)	0.001 (0.22)	0.13*** (8.73)	0.13*** (8.82)
Inten_i	0.69*** (5.42)	0.65*** (5.17)	0.24*** (7.83)	0.23*** (7.61)	0.45*** (3.86)	0.43*** (3.65)
Balance	-0.006 (-0.88)	-0.006 (-0.85)	-0.003* (-1.63)	-0.003* (-1.72)	-0.003 (-0.54)	-0.003 (-0.48)
Epay	1.61*** (3.29)	1.60*** (3.30)	0.31*** (2.67)	0.31*** (2.66)	1.30*** (2.88)	1.29*** (2.88)
R-sq	0.189	0.201	0.178	0.196	0.156	0.165

注：括号内为系数对应的 t 统计量。*、**、*** 分别表示系数在 10%、5%、1% 的水平上显著性明显。

5.3.2.3 基于企业规模分组的检验

表 5.5 依据模型（5.3），利用企业规模虚拟变量分别与政府研发补贴（*Gov*）、金融体系总的融资占比（*Finance*）的交叉项考察不同外部资金渠道对不同规模大小的企业总研发投资及两种异质性研发投资的影响，利用企业规模虚拟变量与金融体系总的融资占比（*Finance*）、企业现金占比（*Cash*）的交叉项来考察金融部门资金在促进不同规模大小的企业利用内部资金投资研发活动的刺激作用，利用企业规模虚拟变

量与政府研发补贴（*Gov*）、企业现金占比（*Cash*）的交叉项来考察政府研发补贴在促进不同企业规模大小的企业利用内部资金投资研发活动的刺激作用。

从表 5.5（1）（3）（5）列 *Main*×*Gov*、*Sme*×*Gov*、*Gem*×*Gov* 回归结果来看，政府研发补贴（*Gov*）只对创业型企业总研发投资及两种异质性研发投资有显著的促进作用，且在更大程度上作用于创业型企业的试验开发型投资，在（2）（4）（6）列加入 *Gov*×*Cash* 与企业规模虚拟变量交叉项后，政府研发补贴（*Gov*）对创业型企业总研发投资及试验开发型投资的直接促进作用变小，且对其研究型投资促进作用变得不显著，对中小规模企业研究型投资显著负向影响，但 *Gov*×*Cash* 与企业规模虚拟变量交叉项的回归系数显示，政府研发补贴（*Gov*）带动了中小企业使用自身资金投资研究型投资活动，也带动了创业型企业使用自身资金投资两种异质性研发投资，但从系数大小和显著性来看，这种调节效应与相应的直接作用相比非常小。从 *Main*×*Finance*、*Sem*×*Finance*、*Gem*×*Finance* 的回归系数看，金融体系总的融资占比（*Finance*）显著促进大规模企业研究型投资、中小规模企业总研发投资及研究型投资、创业型企业总研发投资及试验开发型投资，且对创业型企业的促进作用最大，并主要作用于其试验开发型投资，但 *Main*×*Fina*×*Cash*、*Sem*×*Fina*×*Cash*、*Gem*×*Fina*×*Cash* 的回归系数则显示金融体系总的融资占比（*Finance*）抑制企业使用自身资金进行研发投资。整体而言，政府研发补贴（*Gov*）与金融体系总的融资占比（*Finance*）对企业研发活动的促进作用均主要表现在对创业型企业的试验开发型投资的促进作用，且政府研发补贴（*Gov*）产生的作用明显大于金融体系总的融资占比（*Finance*）的作用。

表 5.5 外部资金渠道对企业异质性研发投资的影响结果——规模分类

变量及模型参数	研发投资强度					
	总研发投资强度（*R&D intensity*）		研究型投资强度（*R intensity*）		试验开发型投资强度（*D intensity*）	
	(1)	(2)	(3)	(4)	(5)	(6)
Main×Gov	0.07 (0.34)	0.37 (1.31)	0.01 (0.28)	0.09 (1.31)	0.06 (0.30)	0.29 (1.08)
Sme×Gov	0.17 (1.04)	−0.001 (−0.00)	−0.01 (−0.32)	−0.09** (−2.04)	0.18 (1.20)	0.09 (0.50)
Gem×Gov	4.98*** (8.50)	2.64*** (3.10)	1.27*** (9.25)	−0.19 (−0.96)	3.71*** (6.84)	2.83*** (3.58)
Cash	0.04*** (3.54)	0.02 (0.60)	0.02*** (5.63)	0.002 (0.73)	0.03** (2.40)	0.02 (1.45)
Main×Finance	0.02 (0.62)	0.02 (0.60)	0.02** (2.47)	0.02*** (2.56)	0.002 (0.04)	0.0002 (0.01)
Sme×Finance	0.05* (1.64)	0.05* (1.74)	0.01 (1.34)	0.01* (1.69)	0.04 (1.43)	0.04 (1.46)
Gem×Finance	0.16*** (3.50)	0.16*** (3.48)	0.003 (0.31)	0.002 (0.24)	0.15*** (3.71)	0.15*** (3.69)
Main×Fina×Cash	−0.002 (−1.35)	−0.001 (−0.86)	−0.001** (−2.45)	−0.001* (−1.71)	−0.001 (−0.83)	−0.001 (−0.50)
Sme×Fina×Cash	−0.001** (−2.29)	−0.001** (−2.28)	−0.0003** (−2.0)	−0.0003* (−1.90)	−0.001** (−1.97)	−0.001** (−1.99)
Gem×Fina×Cash	−0.004*** (−5.87)	−0.01*** (−6.19)	−0.0001 (−0.68)	−0.0003 (−1.57)	−0.004*** (−6.17)	−0.004*** (−6.28)
Main×Gov×Cash		−0.03 (−1.56)		−0.01 (−1.65)		−0.02 (−1.27)
Sme×Gov×Cash		0.02 (1.52)		0.01*** (3.12)		0.01 (0.86)
Gem×Gov×Cash		0.06*** (3.80)		0.04*** (10.24)		0.02* (1.55)
Size	−26.9*** (−6.33)	−27.0*** (−6.35)	−5.36*** (−5.37)	−5.49*** (−5.60)	−21.6*** (−5.48)	−21.5*** (−5.45)

续表

变量及模型参数	研发投资强度					
	总研发投资强度（*R&D intensity*）		研究型投资强度（*R intensity*）		试验开发型投资强度（*D intensity*）	
	(1)	(2)	(3)	(4)	(5)	(6)
Size^2	0.79***	0.79***	0.17***	0.18***	0.62***	0.61***
	(4.45)	(4.47)	(4.19)	(4.39)	(3.75)	(3.72)
Age	1.34***	1.35***	0.34***	0.34***	1.00***	1.01***
	(9.51)	(9.58)	(10.26)	(10.53)	(7.67)	(7.71)
Capten	0.004	0.004	-0.0003	-0.0003	0.004*	0.004*
	(1.42)	(1.41)	(-0.50)	(-0.56)	(1.66)	(1.66)
Techten	0.0001	0.0001	2.02e-06	2.26e-06	0.0001	0.0001
	(0.64)	(0.64)	(0.04)	(0.05)	(0.68)	(0.68)
Level	0.13***	0.13***	-0.002	-0.01	0.14***	0.13***
	(8.33)	(7.85)	(-0.54)	(-1.24)	(9.14)	(8.77)
Inten_i	0.65***	0.63***	0.23***	0.22***	0.42***	0.41***
	(5.09)	(4.94)	(7.77)	(7.42)	(3.53)	(3.47)
Balance	-0.01	-0.01	-0.003*	-0.003*	-0.003	-0.003
	(-0.90)	(-0.85)	(-1.80)	(-1.73)	(-0.52)	(-0.49)
Epay	1.60***	1.67***	0.31***	0.34***	1.29***	1.33***
	(3.26)	(3.41)	(2.66)	(3.04)	(2.85)	(2.93)
R-sq	0.175	0.191	0.165	0.186	0.142	0.145

注：括号内为系数对应的t统计量。*、**、***分别表示系数在10%、5%、1%的水平上显著性明显。

根据对表5.3、表5.4、表5.5实证结果分析的比较发现：第一，从两种外部资金渠道对企业研发投资的综合促进作用比较，可以看出政府研发补贴（*Gov*）对企业研发投资的作用要远大于金融体系总的融资占比（*Finance*），且两者均主要作用于企业试验开发型投资。三个实证结果中均出现了不同程度的政府研发补贴（*Gov*）对企业研发投资从直接促进作用到调节效应的转移，这在一定程度上是由于金融部门资金不能够充分缓解企业研发融资约束并且在一定程度上对企业使用自身资金投资研发活动具有挤出效应。这可能是由于中国金融市场发展水平还不足以使其充分发挥有效配置资金和分散风险等衍生功能，而政府研发补贴（*Gov*）在此被迫行使了这样的功能。但从政府研发补贴（*Gov*）主要作用于试验开发型投资的结果来看，政府研发补贴（*Gov*）是以牺牲矫正市场失灵、补贴研究型投资的作用为代价的，这也是造成中国企业研究型投资占比过低、企业异质性研发投资比例失衡的一个重要原因。第二，从两种外部资金渠道对不同融资约束类型企业研发投资的作用比较，发现外部资金渠道，尤其是政府研发补贴（*Gov*）对私营企业、创业型企业两种异质性研发投资的促进作用最大，且两类企业相比而言，创业型企业研发投资受到的作用更大。从融资约束的角度考虑，私营企业相比于国有、外资企业面临的融资约束更为严重，创业型企业相比于大规模、中小规模企业面临的融资约束更为严重，但恰恰是这两类企业研发投资所受到的外部资金渠道的促进作用最大，这在一定程度上说明：一方面，私营企业、创业型企业由于缺少外部资金来源，其在对外部资金的利用上更有效率；另一方面，私营企业、创业型企业由于面临的竞争更为激烈，因此开展创新活动的积极性更强。

最后，在所有面板模型回归结果中，其他控制变量，资本密集度（*Capten*）、技术密集度（*Techten*）、股权平衡度（*Balance*）的影响不显著，企业规模（*Size*）与其平方（$Size^2$）的回归系数显示被解释变量与企业规模呈现“倒U”型关系，企业年龄（*Age*）越长、行业研发投资强度（*Inten_i*）越高、资产负债率（*Level*）越高、管理层薪酬水平（*Epay*）越高，企业各阶段的研发投资强度也越高。

5.3.3 结果的稳健性检验

为了避免面板回归模型中可能出现的选择性偏误和内生性等问题，这里使用倾向得分匹配方法对回归的结果进行检验，由于基于融资约束分组后的稳健性检验结果与样本总体结果基本保持一致，为简单起见，这里只对样本总体的稳健性检验结果进行报告。

5.3.3.1 样本总体的稳健性检验效果

根据5.2研究设计中的模型框架，通过对样本总体进行最近邻匹配，图5.1显示了处理组1与控制组1匹配前后的核密度函数曲线，图5.2显示了处理组2与控制组2匹配前后的核密度函数曲线。从图5.1中（a）匹配前、图5.2中（a）匹配前的核密度函数图来看，可以看出匹配前处理组1与控制组1的PS值概率分布、处理组2与控制组2的PS值概率分布存在明显差异，这可能是由样本本身差异造成的，也可能是由于两类“控制组”包含了不适宜的样本资料。在这种情况下，如果直接比较处理组1与控制组1之间、处理组2与控制组2之间的从不同外部资金渠道获得的资金以及企业现金流变化的差异，所得到的统计结果往往是有偏的。相比而言，在完成匹配后，处理组1与控制组1、处理组2与控制组2样本PS值的概率分布已经非常接近（见图5.1中（b）匹配后、图5.2中（b）匹配后），这表明匹配后处理组与控制组之间各方面特征已非常接近，匹配效果较好，其中图5.1中（b）匹配后两组样本PS值的概率分布虽然基本没有吻合，但与图5.1中（a）匹配前相比，已经接近了很多，在每个PS值上，控制组1都有与处理组1可匹配的对象，不完全接近的原因是由于控制组1样本数量相比于处理组1要少很多。

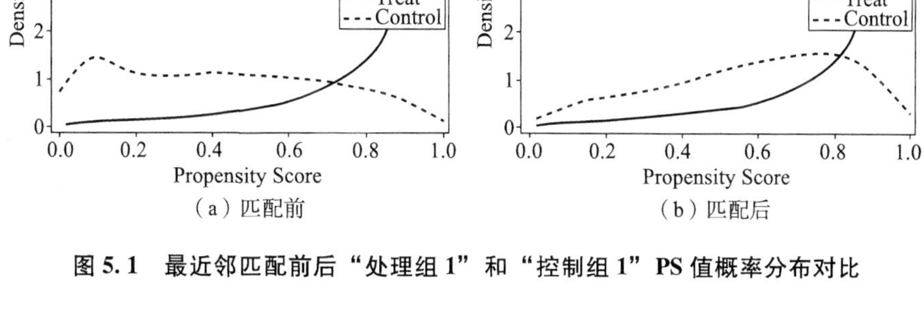

（a）匹配前　（b）匹配后

图5.1 最近邻匹配前后“处理组1”和“控制组1”PS值概率分布对比

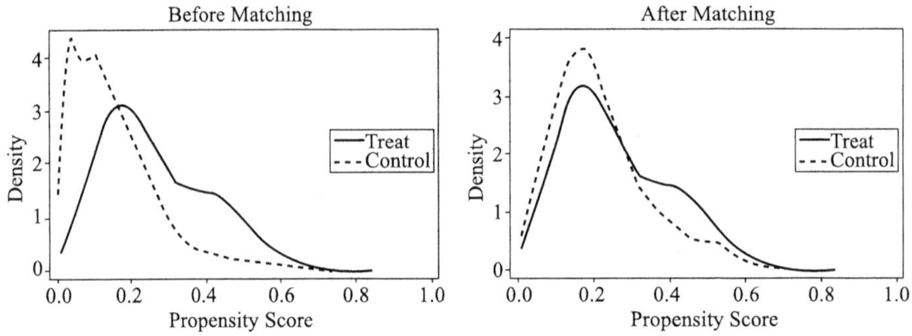

（a）匹配前　　（b）匹配后

图 5.2　最近邻匹配前后"处理组 2"和"控制组 2"PS 值概率分布对比

5.3.3.2　稳健性检验结果分析

针对样本总体，采用最近邻匹配方法，以"是否具有研究型投资"为实验分组变量匹配的平均处理效果的稳健性检验 1 见表 5.6，以"是否具有试验开发型投资"为实验分组变量匹配的平均处理效果的稳健性检验 2 见表 5.7。以上匹配的主要结果为：第一，企业表现出显著的试验开发型投资—现金流敏感性，即企业更多地使用现金投资试验开发型投资活动，试验开发型投资—现金流敏感性比研究阶段投资—现金流敏感性更显著，这与以上面板回归检验中的结果一致；第二，政府研发补贴起到了缓解企业研发投资的现金平滑需求的作用，金融部门资金的作用不明显，且政府研发补贴的作用仅作用于试验开发型投资，这与以上面板回归检验中的结果也相对应。

这里对样本总体的处理结果表 5.6、表 5.7 分别进行分析。从企业现金流敏感度来看，表 5.6 显示研究型企业与非研究型企业之间的现金流变化量（*Cashflow*）在匹配后差别不显著，表 5.7 显示试验开发型企业与非试验开发型企业之间的现金流变化量（*Cashflow*）在匹配后存在显著差别，这说明了企业具有为研发投资储备现金的动机，但这种动机仅表现为显著的试验开发型投资—现金流敏感性，研究型投资—现金流敏感性并不显著。其主要原因可能是企业研发投资面临的融资约束较大，基于风险与收益的考量，企业更倾向于将自身现金投资于试验开发型投资活动，这一结果在一定程度上导致企业研究型投资比例偏低、研发投资结构失衡。从其他资金渠道的充裕程度来看，匹配后，表 5.6 显示研究型企业与非研究型企业相比，前者可利用的政府研发补贴（*Gov*）和企业内源资金（*Internal*）渠道资金明显小于后者，两者在股权融资（*Equity*）和债权融资（*Debt*）上没有明显差别；表 5.7 显示试验开发型企业与非试验开发型企业相比，前者可利用的政府研发补贴（*Gov*）、企业内源资金（*Internal*）以及债权融资（*Debt*）渠道资金明显大于后者，两者在股权融资（*Equity*）上也没有明显差别。这个结果说明政府研发补贴和金融部门资金缓解企业研发投资的现金平滑需求的作用，仅作用于试验开发型投资，且金融部门资金的作用不完善。从理论分析中，可以认识到政府研发补贴对研发资金配置链条中研究型投资具有相对优势，金融部门资金则对研发资金配置链条中试验开发型投资具有相对优势，但从表 5.6 和表 5.7 的结果对比来看，研究型企业组并没有获得更多的政府研发补贴，政府研发补贴并没有在此发挥调整市场失灵、调动企业投资研究活动积极性的功能。因此，在内外部资金均不充足的情况下，企业也不会使用现金平滑研究型投资。相反，试验开发型企业组则获得了相对较多的政府研发补贴和债务融资，但在股权融资方面与非试验开发型企业无明显差别，其中债务融资又是严格规避风险的，很少会投资研发项目，因此，虽然有较多的内部资金以及政府研发补贴支持试验开发型企业，但由于股权融资（即来自金融部门的资金）并不能在此发挥分担风险、吸引资金、配置资本的功能，而试验开发活动与市场衔接紧密，在后期试验开发中需要大量的资金投入，仅靠内部资金和有限的政府研发补贴不足以保障研发链条资金的充分性，故企业需要储备更多的现金来平滑这一阶段的研发投资，而企业研发现金流敏感度的实验结果也的确显示了这样的结果。在此由于中国金融市场在试验开发阶段配置资金的功能缺失，政府研发补贴不得不在该阶段替代金融发挥资金配置功能，而政府研发补贴的有限性并不能完全解决企业融资约束问题，企业仍需储备现金平滑试验开发型投资，这进一步加强了试验开发型投资在总研发投资中的占比，导致了企业异质性研发投资比例的失衡。通过分析，进一步证明了面板回归结果的稳健性。

表 5.6　外部资金渠道对企业异质性研发投资的影响结果——稳健性检验 1（研究）

变量名称	样本	处理组 1	控制组 1	ATT	标准误	t 值
Cashflow	匹配前	2.87	2.00	0.87	0.26	3.37***
	匹配后	2.87	2.35	0.52	0.73	0.72
Gov	匹配前	0.62	0.45	0.17	0.02	7.03***
	匹配后	0.62	1.16	-0.55	0.14	-4.00***
Internal	匹配前	3.71	1.87	1.84	0.19	9.66***
	匹配后	3.71	5.41	-1.70	0.78	-2.18**
Equity	匹配前	6.40	3.13	3.26	0.28	11.50***
	匹配后	6.40	5.67	0.72	0.84	0.86
Debt	匹配前	1.16	1.63	-0.47	0.15	-3.20***
	匹配后	1.16	0.99	0.17	0.56	0.31

注：t 值对应*、**、***分别表示处理组与控制组结果变量差异在 10%、5%、1%的水平上显著性明显。

表 5.7　外部资金渠道对企业异质性研发投资的影响结果——稳健性检验 2（试验开发）

变量名称	样本	处理组 2	控制组 2	ATT	标准误	t 值
Cashflow	匹配前	2.30	2.63	-0.33	0.32	-1.02
	匹配后	2.30	3.09	-0.79	0.44	-1.81*
Gov	匹配前	0.65	0.54	0.11	0.03	3.55***
	匹配后	0.65	0.55	0.10	0.03	2.89***
Internal	匹配前	3.18	3.09	0.09	0.24	0.39
	匹配后	3.18	2.46	0.72	0.24	2.97***

续表

变量名称	样本	处理组 2	控制组 2	ATT	标准误	t 值
Equity	匹配前	5.51	5.27	0.24	0.36	0.68
	匹配后	5.51	5.83	-0.32	0.47	-0.68
Debt	匹配前	1.54	1.24	0.30	0.18	1.65
	匹配后	1.54	1.12	0.42	0.18	2.29**

注：t 值对应*、**、***分别表示处理组与控制组结果变量差异在 10%、5%、1%的水平上显著性明显。

5.4 异质性研发投资对企业生产率的影响效应检验

5.4.1 模型测算效果检验

根据 5.2 节研究设计中介绍的异质性研发投资对企业生产率影响的模型框架及方法，我们首先基于预处理协变量分别构建两个处理变量：研究型投资强度（*R intensity*）和试验开发型投资强度（*D intensity*）的条件分布模型。与两个处理变量相对应，广义倾向得分匹配第一步方程（5.7）的估计结果分别见表 5.8、表 5.9。从表 5.8、表 5.9 中各变量系数的显著性可以看出所选协变量能够较好地解释处理变量。根据希拉诺和伊本斯（Hirano & Imbens，2004）的研究，变量回归系数没有特殊的含义。第一步回归中行业和所有制虚拟变量对于处理变量也具有较大解释力，为简单起见，表中不再详细报告虚拟变量回归结果。使用 KS 检验方法检验处理变量是否符合正态分布的假设，与两个处理变量相对应，检验的 *P* 值分别为 0.108（*R intensity*）、0.947（*D intensity*），说明假设成立。

表 5.8 广义倾向得分匹配：第一步估计结果（研究型投资强度）

变量	系数	标准误	Z 统计量	P 值
Constant	4.76***	1.80	2.64	0.01
$Profit_{t-2}$	0.01***	0.002	3.64	0.00
$[Profit_{t-2}]^2$	-2.7E-05**	1.22E-05	-2.21	0.03
$Capten_{t-2}$	-0.02***	0.002	-12.26	0.00
$[Capten_{t-2}]^2$	2.39E-05***	3.12E-06	7.68	0.00
$Techten_{t-2}$	-0.001*	0.0004	-1.70	0.09
$[Techten_{t-2}]^2$	1.91E-07**	1.30E-07	1.96	0.05
ω_{it-3}	0.44***	0.12	3.78	0.00
$[\omega_{it-3}]^2$	0.03	0.02	1.45	0.15
$Log(Age_{t-2})$	0.38	0.64	0.58	0.56
$[Log(Age_{t-2})]^2$	-0.13	0.13	-1.01	0.31
$Log(Labor_{t-2})$	0.15**	0.34	2.03	0.04
$[Log(Labor_{t-2})]^2$	-0.01	0.02	-0.66	0.51
$Log(Income_{t-2})$	-0.71*	0.39	-1.85	0.06
$[Log(Income_{t-2})]^2$	0.02	0.02	1.38	0.17
Industry Dummies	+			
Ownership Dummies	–			

注：第一步估计的因变量为滞后两期的研究型投资强度（*R intensity*）。***、**、*分别表示在1%、5%、10%的置信区间显著。

基于第一步估计结果，使用方程（5.8）对广义倾向得分值 GPS 进行估计。为了保证广义倾向得分值 GPS 的估计有效，我们需要检验预处理协变量是否满足平衡检验。为了进行平衡检验，我们将样本根据分位数分为三组，从而可以证明在其中一组中的每一个协变量的平均值是否与其他两组中该协变量的平均值存在显著差异。与两个处理变量相对应，从表 5.10、表 5.11 平衡检验结果可以看出，在使用广义倾向得分 GPS 调整之前，协变量不满足平衡检验。然后，根据希拉诺和伊本斯（Hirano & Imbens，2004）的方法对 GPS 调整的协变量平衡性进行检验。当我们将样本根据分位数分为三组后，测算出每一组内处理变量中位数的广义倾向得分值 GPS，接着根据估计的广义倾向得分值 GPS 将样本按照分位数分为五组，对于按照估计的广义倾向得分值 GPS 分组的结果，比较其中一个 GPS 组内观测个体协变量的平均值与在同一个处理变量组内但不在该 GPS 组内的观测个体协变量的平均值之间的差异性。与两个处理变量相对应，通过分别比较表 5.10、表 5.11 中 GPS 调整后的平衡性与初始平衡性可以看出，调整后表 5.10 中仅有 7 个 t 统计量超过 1.96（调整前有 30 个）、表 5.11 中仅有 4 个 t 统计量超过 1.96（调整前有 30 个），说明平衡性达到要求。

表 5.9　广义倾向得分匹配：第一步估计结果（试验开发型投资强度）

变量	系数	标准误	Z 统计量	P 值
Constant	2.84*	1.54	1.84	0.07
$Profit_{t-1}$	0.002**	0.001	2.02	0.04
$[Profit_{t-1}]^2$	-1.33E-06	3.56E-06	-0.37	0.71
$Capten_{t-1}$	-0.02***	0.002	-10.99	0.00
$[Capten_{t-1}]^2$	6.14E-05***	8.71E-06	7.05	0.00
$Techten_{t-1}$	0.003***	0.0004	6.31	0.00
$[Techten_{t-1}]^2$	-9.86E-07***	1.82E-07	-5.41	0.00
ω_{it-2}	0.07*	0.15	1.75	0.08
$[\omega_{it-2}]^2$	0.02	0.02	0.77	0.44
$Log\ (Age_{t-1})$	-0.41	0.55	-0.74	0.46
$[Log\ (Age_{t-1})]^2$	0.04	0.11	0.38	0.71
$Log\ (Labor_{t-1})$	-0.35*	0.29	-1.73	0.08
$[Log\ (Labor_{t-1})]^2$	0.02	0.02	0.99	0.32
$Log\ (Income_{t-1})$	0.34	0.33	1.02	0.31
$[Log\ (Income_{t-1})]^2$	-0.01	0.01	-1.03	0.30
Industry Dummies	+			
Ownership Dummies	–			

注：第一步估计的因变量为滞后一期的试验开发型投资强度（*D intensity*）。***、**、*分别表示在 1%、5%、10%的置信区间显著。

表 5.10　调整前后协变量平衡性：均值相等性 t 统计量（研究型投资强度）

协变量	初始平衡性			GPS-调整后的平衡性		
	区间 Q1	区间 Q2	区间 Q3	区间 Q1	区间 Q2	区间 Q3
$Profit_{t-2}$	**-5.978**	**2.354**	**2.952**	-0.324	1.651	-0.838
$[Profit_{t-2}]^2$	**-1.986**	**2.189**	0.164	-0.085	1.458	-1.289
$Capten_{t-2}$	**10.325**	**-2.286**	**-11.127**	**-9.280**	**-4.353**	**3.916**
$[Capten_{t-2}]^2$	**8.652**	**-2.936**	**-6.119**	**-8.622**	-1.811	**2.075**
$Techten_{t-2}$	**-2.786**	0.829	**2.637**	0.276	0.730	-0.583
$[Techten_{t-2}]^2$	-1.521	**2.265**	-0.426	0.309	0.531	-0.439
ω_{it-3}	**-5.324**	0.452	**4.146**	1.367	0.506	**-2.613**
$[\omega_{it-3}]^2$	**-3.868**	-0.125	**4.235**	1.248	0.355	**-2.490**
$Log(Age_{t-2})$	**3.696**	-0.682	**-3.116**	-1.081	0.413	-1.640
$[Log(Age_{t-2})]^2$	**4.135**	-0.764	**-3.152**	-1.228	0.325	-1.562
$Log(Labor_{t-2})$	**5.236**	0.384	**-5.235**	-1.318	-1.826	0.312
$[Log(Labor_{t-2})]^2$	**5.425**	0.365	**-4.251**	-1.465	-1.613	0.087
$Log(Income_{t-2})$	**4.526**	0.156	**-4.225**	-1.399	-1.316	-0.387
$[Log(Income_{t-2})]^2$	**4.725**	-0.121	**-4.326**	-1.648	-1.568	-0.433

注：黑体数字表示显著性在5%的水平上。为简单起见，行业及所有制虚拟变量的 t 值不再在表中进行统一说明。

表 5.11　调整前后协变量平衡性：均值相等性 t 统计量（试验开发型投资强度）

协变量	初始平衡性			GPS-调整后的平衡性		
	区间 Q1	区间 Q2	区间 Q3	区间 Q1	区间 Q2	区间 Q3
$Profit_{t-1}$	**-4.978**	**2.094**	**2.844**	0.743	-0.111	0.015
$[Profit_{t-1}]^2$	**-1.974**	**1.960**	0.094	0.627	0.444	-0.687
$Capten_{t-1}$	**12.826**	**-2.076**	**-10.345**	**-2.490**	-0.950	**3.045**
$[Capten_{t-1}]^2$	**8.872**	**-2.746**	**-5.919**	**-2.218**	-0.487	**2.279**
$Techten_{t-1}$	**-2.569**	0.047	**2.524**	0.375	0.201	-1.399
$[Techten_{t-1}]^2$	-0.812	**1.965**	-0.346	0.571	-0.736	0.022
ω_{it-2}	**-4.324**	0.372	**3.946**	0.850	-0.815	0.444
$[\omega_{it-2}]^2$	**-3.958**	-0.035	**3.997**	0.800	-0.785	0.451
$Log(Age_{t-1})$	**3.503**	-0.521	**-2.976**	-0.934	0.374	-0.259
$[Log(Age_{t-1})]^2$	**3.503**	-0.565	**-2.932**	-1.129	0.492	-0.294

续表

协变量	初始平衡性			GPS-调整后的平衡性		
	区间 Q1	区间 Q2	区间 Q3	区间 Q1	区间 Q2	区间 Q3
$Log(Labor_{t-1})$	**4.720**	0.276	**-5.009**	-1.463	-0.429	1.921
$[Log(Labor_{t-1})]^2$	**4.535**	0.241	**-4.787**	-1.217	-0.477	1.724
$Log(Income_{t-1})$	**4.435**	0.029	**-4.468**	-0.934	-1.007	1.924
$[Log(Income_{t-1})]^2$	**4.439**	-0.035	**-4.406**	-1.129	-1.075	1.869

注：黑体数字表示显著性在5%的水平上。为简单起见，行业及所有制虚拟变量的 t 值不再在表中进行统一说明。

5.4.2 模型测算结果

最后一步，我们对两种异质性研发投资与企业生产率的剂量反应函数和边际效应函数分别进行估计。这里采用了含有处理变量平方项和广义倾向得分值 GPS 平方项的多项式形式进行估计。与两个处理变量相对应，对方程（5.9）的回归结果分别见表 5.12、表 5.13，从回归结果可以看出，表 5.12 中 $[R_{t-2}]^2$、GPS_R、$GPS_R{}^2$ 以及 $R_{t-2}\times GPS_R$ 的回归系数均显著，表 5.13 中 D_{t-1}、GPS_D、$GPS_D{}^2$ 以及 $D_{t-1}\times GPS_D$ 的回归系数均显著。

表 5.12 广义倾向得分匹配：第二步回归结果（研究型投资强度）

变量	系数	标准误	T 统计量	P 值
Contant	2.423***	0.115	21.03	0.00
R_{t-2}	-8.2E-05	0.002	-0.04	0.97
$[R_{t-2}]^2$	2.55E-06**	4.29E-06	1.96	0.05
GPS_R	-2.174***	0.854	-2.54	0.01
$GPS_R{}^2$	2.727**	1.391	1.96	0.05
$R_{t-2}\times GPS_R$	0.044***	0.009	4.73	0.00
R-squared	0.061			

注：第二步回归的因变量为企业生产率（*tfp*）；***、**、*分别表示在 1%、5%、10%的水平上显著。

表 5.13　广义倾向得分匹配：第二步回归结果（试验开发型投资强度）

变量	系数	标准误	T 统计量	P 值
Contant	2.246***	0.123	18.18	0.00
D_{t-1}	-0.006**	0.004	-1.96	0.05
$[D_{t-1}]^2$	4.11E-05	3.85E-05	1.07	0.29
GPS_D	-0.623*	0.709	-1.70	0.09
$GPS_D{}^2$	0.600*	0.960	1.75	0.08
$D_{t-1}\times GPS_D$	0.026***	0.008	3.28	0.00
R-squared	0.015			

注：第二步回归的因变量为企业生产率（*tfp*）；***、**、*分别表示在 1%、5%、10%的水平上显著。

根据方程（5.10）对两种异质性研发投资与企业生产率的剂量反应函数进行估计，得到研究型投资与企业生产率影响的剂量反应曲线（见图 5.3），相应的研究型投资与企业生产率的边际效应函数（处理效应函数）曲线见图 5.4，试验开发型投资与企业生产率影响的剂量反应曲线见图 5.5，相应的试验开发型投资与企业生产率的边际效应函数（处理效应函数）曲线见图 5.6，四个图中的虚线均表示 1000 次重复抽样得到的 95%置信区间。

从图 5.3 可以看出，企业生产率首先随着研究型投资强度（*R intensity*）的提高而上升，但上升的速度逐渐放缓，当研究型投资强度（*R intensity*）大约达到 65%的水平时，随着研究型投资水平的上升，企业生产率基本保持不变。从图 5.4 可以看出，随着研究型投资水平的上升，研究型投资对企业生产率的边际效应首先增长，当研究型投资强度（*R intensity*）大约达到 10%的水平时，这个边际效应开始下降，总体来看，研究型投资对企业生产率的边际效应基本上都为正值，只有在研究型投资强度（*R intensity*）达到较高水平时，研究型投资对企业生产率的边际效应才趋近于零线附近。

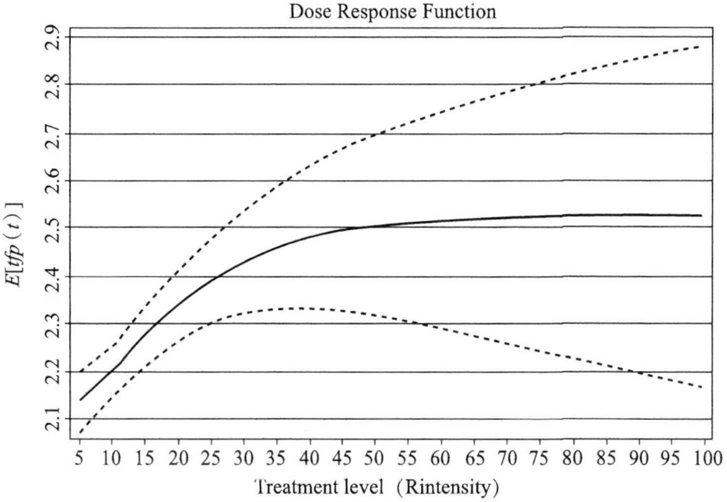

图 5.3　研究型投资强度的剂量反应函数

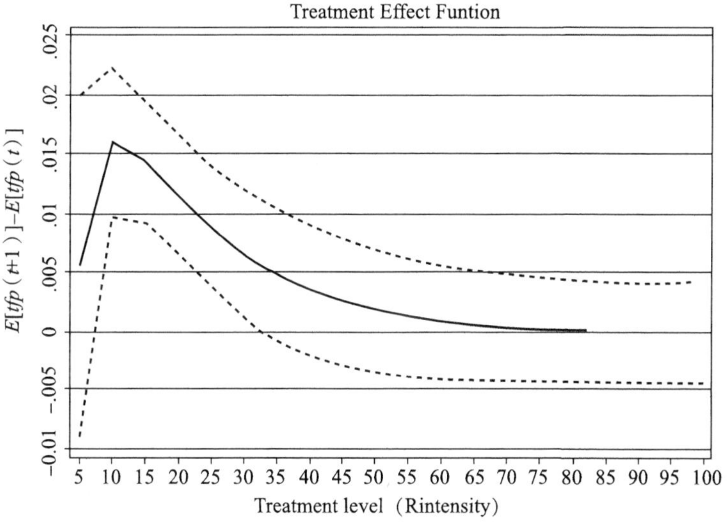

图 5.4　研究型投资强度的处理效应函数

从图 5.5 可以看出，企业生产率与试验开发型投资的关系呈倒“U”型曲线关系，拐点位置位于试验开发型投资强度（*D intensity*）达到大约 35%的位置。从图 5.6 可以看出，在试验开发型投资水平较低时，试验开发型投资对企业生产率的边际效应为负，且当这个边际效应变为正向作用之后，该正向作用先上升后下降，拐点位置位于试验开发型投资强度（*D intensity*）达到大约15%的位置。与4.3.2中测算的总研发投资对企业生产率的边际效应相同，在试验开发型投资强度上升到一定水平后，试验开发型投资对企业生产率的边际效应存在负向影响。

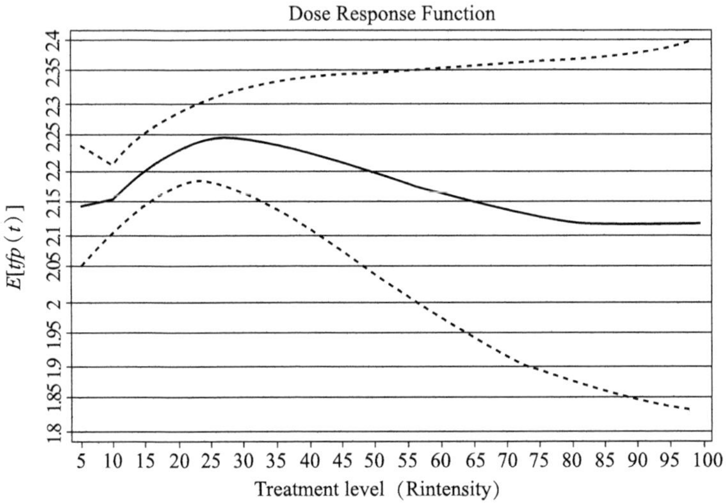

图5.5 试验开发型投资强度的剂量反应函数

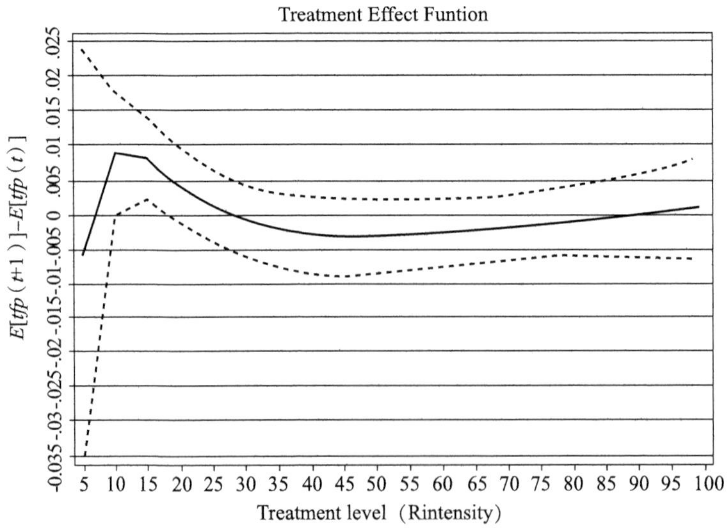

图5.6 试验开发型投资强度的处理效应函数

5.4.3 模型结果分析

根据以上模型测算结果，对研究型投资—企业生产率的关系与试验开发型投资—企业生产率的关系进行比较发现，研究型投资对企业生产率增长基本不存在负向影响，但当试验开发型投资水平较低或较高时，其对企业生产率增长均存在负向影响，试验开发型投资较低水平时其对企业生产率增长的负向影响可以理解，也就是创新活动要想获得收益，企业研发投资存在一定的门槛值。且从以上测算的四个函数曲线可以看出，任何一种异质性研发投资水平过高，均不利于企业生产率的增长，因此，要保持企业生产率长期持续性地提升，就要使企业异质性研发投资比例保持一定程度的平衡。

如果我们将企业创新活动看作一个完整的链条，研究型投资活动往往要先于试验开发型投资活动。一方面，在产品开发领域，研究型投资活动属于创造知识的活动，开展研究型投资活动可以提升一个企业的知识储备，而这正是驱动企业新产品开发的原动力（Henard & Mcfadyen，2005）。尽管研究型投资活动的明显特征是“远离市场、较低专用性、较强的外部性”，曼斯菲尔德等（Mansfield et al.，1971）认为开展研究型投资活动有助于构筑企业个体乃至企业群体的智库，这将为企业未来的研究活动奠定基础。多位学者的研究还发现研究型投资活动可以提升企业的吸收能力、促进企业的知识转化过程（Fabrizio，2009；Rosenberg，1990；Lane & Lubatkin，1998；Dyer & Singh，1998）。总体来说，研究型投资活动通过两种方式促进企业生产率的提升，第一个是研究型投资活动的成果可以直接作为试验开发阶段的投入，进而投入生产，第二个就是研究型投资活动能够更大程度地提升企业的吸收能力，从而有效识别内外部信息和知识，促进企业创新活动。而另一方面，根据经济合作与发展组织（OECD，2002）出版的《法城手册》（Frascati Manual），试验开发型投资活动是系统性的工作，通过利用从研究型投资活动获取的知识，直接开发新材料、新产品以满足市场需求。试验开发型投资活动是研发型投资活动的最后一个环节，其目标就在于商业化研究活动的成果以满足消费者的需求（Czarnitzki et al.，2011）。研究型投资活动的成果必须经过试验开发型投资活动才能转化为产品进入市场，从而最终实现生产率的提高，因此，要保持企业生产率长期持续性的增长，研究型投资与试验开发型投资均是不可或缺的，且对研究型投资活动或试验开发型投资活动的过多投资均不利于企业生产率的增长。对于私人投资者部门企业来说，往往会因为融资约束等因素，其研究型投资往往偏低，然而没有研究型投资活动作为基础，试验开发型投资活动就是无源之水、无本之木，短时期内企业研究型投资活动缺失似乎影响不到试验开发型投资活动，企业可以利用已有的知识开发新产品、促进创新活动的进行，但长期而言，试验开发型投资活动对研究型投资活动成果的消耗以及企业总研发内部异质性研发投资比例的不平衡将导致低效的创新活动，这将是对创新资源的浪费，也必然会在中长期内对企业生产率增长产生负向影响。

基于当前中国企业异质性研发投资的现状，其研发投资的总规模庞大，但是与其他主要经济体相比，中国企业内部两种异质性研发投资的比例存在严重失衡，即过低的研究型投资占比和过高的试验开发型投资占比。结合以上异质性研发投资对企业生产率的影响分析，异质性研发投资比例的失衡是企业研发投资或试验开发型投资对企业生产率存在负向影响的重要原因。一方面，长期的研究型投资的不足会造成企业知识储备不足、降低企业的吸收能力；另一方面，长期的试验开发型投资过度会将已存的知识消耗殆尽。因此，在研究型投资占比过低的情况下，试验开发型投资过度将是对创新资源的一种浪费。长期的异质性研发投资比例的失衡很有可能使企业个体乃至整个行业的创新能力只能维持在较低的水平，从而会使一个国家在国际创新竞赛中永久性地处于追随者的位置。

同时，结合当前中国金融发展现状以及 5.3 中融资约束下外部资金渠道对企业异质性研发投资的影响效应检验，融资约束下异质性研发投资对企业生产率的影响，在于金融发展水平较低、功能发展不完善情况下，金融部门资金还不能达到对研发链条中短期试验开发型活动的资金配置发挥相对优势的程度，在此情况下，政府又在微观上行使金融的功能，对企业研发投资作用的阶段滞后，政府资金对企业研发投资配置作用中矫正市场失灵的核心功能不起主要作用，金融发展水平较低造成的融资约束最终导致企业研发投资大量集中于试验开发型投资、研究型投资相对不足，而结合以上异质性研发投资对企业生产率影响作用的检验，研究型投资的相对过度或试验开发型投资的相对过度都不利于企业生产率的增长，且试验开发型投资过度会对企业生产率增长产生负向的边际影响，同时结合两种异质性研发投资促进企业生产率增长影响的互补性，可以得到融资约束导致的企业异质性研发投资比例的失衡对企业生产率增长产生了负向影响。

5.5 本章小结

综上所述，本章首先使用面板回归模型验证了融资约束下不同外部资金渠道对企业异质性研发投资的影响效应，并使用倾向得分匹配方法消除选择性偏误和内生性问题，在对影响结果进行检验后发现：在企业研发资金配置过程中，由于金融体系功能发展不完善，甄别市场风险有相对优势的金融部门资金并未显著促进试验开发型投资，政府研发补贴显著促进了试验开发型投资，但并未显著促进研究型投资，与政府矫正市场失灵的优势功能错位，从而对企业在两种类型研发投资活动的资金配置上产生一定的结构效应，由此引起企业异质性研发投资比例失衡，且这种影响效应对融资约束程度更高的私营企业和创业型企业更为明显，而两者正是最具创新动力和实力的企业，由此可见融资约束是造成企业异质性研发投资比例失衡的重要原因。其次使用广义倾向得分匹配方法分别构建了企业生产率与研究型投资的广义倾向得分匹配模型和企业生产率与试验开发型投资的广义倾向得分匹配模型，通过估计研究型投资与企业生产率的剂量反应函数和处理效应函数（又称边际效应函数）以及试验开发型投资与企业生产率的剂量反应函数和处理效应函数（又称边际效应函数），发现：随着研究型投资水平的提高，企业生产率先上升，但上升的速度逐渐放缓，当研究型投资强度大约达到65%的水平时，企业生产率基本保持不变，研究型投资对企业生产率的边际效应先增长，当研究型投资强度大约达到10%的水平时，这个边际效应开始下降，总体来看，研究型投资对企业生产率的边际效应基本上都为正值；而企业生产率与试验开发型投资的关系呈“倒U型”曲线关系，拐点位置位于试验开发型投资强度达到大约35%的位置，且在试验开发型投资水平较低时，试验开发型投资对企业生产率的边际效应为负，当这个边际效应变为正向作用之后，该正向作用先上升后下降，拐点位置位于试验开发型投资强度达到大约15%的位置，在试验开发型投资强度上升到一定水平后，试验开发型投资对企业生产率的边际效应存在负向影响。从这个结果可以发现研究型投资的相对过度或试验开发型投资的相对过度都不利于企业生产率的增长，且试验开发型投资过度会对企业生产率增长产生负向的边际影响，同时结合融资约束下不同外部资金渠道对企业异质性研发投资的影响效应以及两种异质性研发投资促进企业生产率增长影响的互补性，可以得到融资约束导致的企业异质性研发投资比例的失衡对企业生产率增长产生了负向影响。

6

结论及展望

在当前以创新驱动发展战略为引导的发展背景下，中国企业研发投资规模已经相当庞大，研发投资强度水平已达到中等发达国家水平，但中国企业庞大规模研发投资对生产率的贡献度较低，本书通过对已有相关理论研究的梳理，从融资特性和对生产率的影响机制两个层面定义了企业两种类型研发投资的异质性特征，首先，基于研发投资的异质性，通过融资约束下外部资金渠道、异质性研发投资与生产率增长的理论建模，从资金配置层面前向探究外部资金渠道对企业研发投资的影响效应，从研发投资的产出效率层面后向探究异质性研发投资变化对生产率增长的影响效应，从而用数理模型说明融资约束视角下异质性研发投资对企业生产率增长的影响机理；其次，通过对现象层面企业异质性研发投资融资约束问题的分析，以及基于企业异质性研发投资比例失衡问题对中国企业研发投资——生产率关系的解释，揭示了融资约束视角下异质性研发投资对企业生产率的影响路径；最后，一方面从不同外部资金渠道在企业研发资金配置中的功能视角，基于中国金融发展的现实水平，通过对中国制造业上市公司面板数据的实证分析，检验并测度融资约束下外部资金渠道对企业研发投资的影响效应；另一方面，通过广义倾向得分匹配方法，测度了融资约束视角下异质性研发投资对企业生产率增长的影响特征，从而验证融资约束导致的异质性研发投资比例失衡（指短期试验开发型投资占比过高的情况）对生产率增长产生的影响。本书从研发投资异质性的视角揭示了融资约束下企业研发投资内部异质性研发投资比例变化对生产率产生的影响，这将为中国企业由单一关注研发投资规模到进一步优化研发投资结构提供理论基础，也将为政府制定有效的研发投资补贴政策和促进科技金融发展的政策提供理论支持。

6.1 主要研究结论

本书通过对融资约束与企业研发投资、研发投资与企业生产率关系的相关理论基础的梳理，对研发投资异质性的内涵进行了定义，并将研发投资的异质性加入本书研究中，分别从数理模型的推导揭示问题的内在机理、从实证层面揭示研究问题及研究对象之间的内在逻辑和路径、从实证角度验证理论模型假说，最终得到本书的主要研究结论如下：

首先，本书将研发投资划分为研究型投资与试验开发型投资，通过理论分析得到两种类型研发投资在融资特性和对生产率的影响机制上存在差异。结合已有相关理论基础：①从资金配置的层面来看，研究型投资活动相比于试验开发型投资活动，其投资风险更高、投资周期更长、收益独占性程度更低、资产的抵押程度更低、信息不对称程度更高，其面临的融资约束程度比试验开发型投资面临的融资约束程度更高；②从研发投资的产出效率层面来看，在研发投资活动的完整链条中，研究型投资活动与试验开发型投资活动不仅通过成果产出直接促进企业生产率的提升，二者还均通过对企业整体研发活动正的溢出效应来进一步促进生产率的提升，且二者相比而言，研究型投资活动由于处于研发链条的前端，其创新活动及成果的基础性、原创性及复杂性更高，与其他产品（产业）关联的节点更多，对其他产业的带动作用也更大，且其作为试验开发型投资活动开展的基础，研究型投资活动对企业整体创新活动的溢出效应明显更强，这就是二者促进企业生产率增长的作用机制的差异；③而正是由于研究型投资与试验开发型投资对企业生产率作用机制的差异，使得二者对企业生产率增长的影响存在互补性。

其次，使用数理模型研究揭示了融资约束下异质性研发投资对企业生产率的影响机理，在于融资约束导致的两种类型异质性研发投资比例变化对企业生产率产生的影响。基于阿洪等（Aghion et al.，2005，2010）模型，在该模型基础上加入短期投资的流动性冲击问题，并在模型中考虑两种类型研发投资融资特性的差异，分析了融资约束下不同外部资金渠道对企业异质性研发投资的影响，研究发现：①长期研究型投资相对于短期试验开发型投资，其面临的融资约束程度越大，会导致企业家越大程度地增加短期试验开发型投资 K_t 以及减少长期研究型投资 Z_t，也就是加大了非完全市场下对企业异质性研发投资比例产生的影响效应，因此，在研发投资总预算约束不变的情况下，金融市场发展不完全，会导致企业家长期研究型投资 Z_t 的减少和短期试验开发型投资 K_t 的增加，且金融发展水平较低时会进一步放大这种影响效应。②在同等金融发展条件下，政府研发补贴不能改变两种投资的比例关系，对企业异质性研发投资比例关系不存在影响效应。同时，与完全市场条件下的结果相比，非完全市场条件下政府研发补贴的介入，在一定程度上缓解了金融发展不完全对企业异质性研发投资比例关系产生的影响效应，即企业家长期研究型投资 Z_t 的减少和短期试验开发型投资 K_t 的增加，并且金融发展水平较低会放大这种影响效应，从而也会相应减小政府研发补贴对这种影响效应的缓解作用，因此，政府研发补贴能否有效发挥其应有的功能，主要依赖于一国的金融发展水平的高低。同时，借鉴凯姆特（Kemfert，1998）嵌套固定替代弹性模型的做法，在阿洪等（Aghion et al.，2005，2010）模型中考虑了研究型投资活动与试验开发型投资活动对企业生产率增长影响的互补性，以此来研究融资约束下异质性研发投资对企业生产率的影响机理，研究发现：短期试验开发型投资与长期研究型投资的资本投入比例 kz 对生产率增长的影响是非线性的，且是凹的，这就说明在区间（0，+∞）内，两种类型投资的资本投入比例 kz 对生产率增长的影响首先是正向作用，然后到达一个拐点后变为负向作用，短期试验开发型投资比例的增加最初是促进生产率提升的，但到达一个顶点时，试验开发型投资比例的增加将不利于生产率的增长，这说明了没有长期研究型投资活动的成果作为基础，试验开发型投资活动可以说是无源之水、无本之木，其投资比例的过度增加并不能有效转化为企业生产率的提高。综上所述，通过对数理建模的求解结果进行分析后发现：融资约束下异质性研发投资对企业生产率的影响具体表现在两个方面，一方面金融发展不完善导致企业两种异质性研发投资之间边际技术替代率的变化引起的二者投资比例的不平衡，由此对企业生产率产生负向影响；另一方面，金融发展水平不完善直接导致政府补贴缓解企业研发融资约束功效的减小甚至失效，政府补贴的介入并不能改善不完全市场下两种异质性研发投资比例，并且由于长期研究型投资对融资约束的反应更为敏感，预算约束的增加可能会进一步加大两种异质性研发投资之间的差距（即短期试验开发型投资更多，长期研究型投资更少），这又进一步加剧了对企业生产率增长的负向影响。

再次，基于两种类型研发投资的异质性特征，利用描述性统计和实证方法分析，发现中国企业研发投资与生产率关系的悖论成因，是由融资约束下企业两种类型异质性研发投资比例失衡的现状造成的。结合两种类型研发投资融资特性的差异和不同外部资金渠道在研发链条中对不同阶段资金配置的功能优势差异，分析了中国企业异质性研发投资的融资约束问题后发现：中国企业异质性研发投资的融资约束问题不是研发投资总量的绝对不足，而是金融功能发展不健全下可能造成的研发投资内部研究型投资与试验开发型投资的相对失衡；然后，使用奥利—帕克斯（Olley-Pakes）方法测算了企业生产率，并利用广义倾向得分匹配方法构建了企业研发投资与生产率的广义倾向得分匹配模型，通过数据拟合得到中国企业研发投资对生产率影响的特征事实，并基于多个维度企业异质性研发投资的现状比较以及两种类型异质性研发投资对生产率作用机制的不同，从现象层面认为中国企业研发投资与生产率有悖“常理”的关系事实的成因，是由于融资约束下企业两种类型异质性研发投资比例失衡的现状造成的，由此揭示了异质性研发投资对企业生产率的影响路径。

最后，采用两步分析法，从实证角度验证了理论模型假说，认为在中国当前金融发展现状下，融资约束导致的企业异质性研发投资比例的失衡对企业生产率增长产生了负向影响。第一步，使用面板回归模型验证了融资约束下不同外部资金渠道对企业异质性研发投资的影响效应，并使用倾向得分匹配方法消除选择性偏误和内生性问题，对影响结果进行了检验，研究发现：在企业研发资金配置过程中，由于金融体系功能发展不完善，甄别市场风险有相对优势的金融部门资金并未显著促进试验开发型投资，政府研发补贴显著促进了试验开发型投资，但并未显著促进研究型投资，与政府矫正市场失灵的优势功能错位，从而对企业在两种类型异质性研发投资活动的资金配置上产生一定的结构效应，由此引起企业异质性研发投资比例失衡，且这种影响效应对融资约束程度更高的私营企业和创业型企业更为明显，而两者正是最具创新动力和实力的企业，由此可见融资约束是造成企业异质性研发投资比例失衡的重要原因。第二步，使用广义倾向得分匹配方法分别构建了企业生产率与研究型投资的广义倾向得分匹配模型和企业生产率与试验开发型投资的广义倾向得分匹配模型，通过分别估计两种类型研发投资与企业生产率的剂量反应函数和处理效应函数（又称边际效应函数），研究发现：随着研究型投资水平的提高，企业生产率先上升，但上升的速度逐渐放缓，当研究型投资强度（*R intensity*）大约达到65%的水平时，企业生产率基本保持不变，研究型投资对企业生产率的边际效应先增长，当研究型投资强度（*R intensity*）大约达到10%的水平时，这个边际效应开始下降，总体来看，研究型投资对企业生产率的边际效应基本上都为正值；而企业生产率与试验开发型投资的关系呈“倒U型”曲线关系，拐点位置位于试验开发型投资强度（*D intensity*）达到大约35%的位置，且在试验开发型投资水平较低时，试验开发型投资对企业生产率的边际效应为负，当这个边际效应变为正向作用之后，该正向作用先上升后下降，拐点位置位于试验开发型投资强度（*D intensity*）达到大约15%的位置，在试验开发型投资强度上升到一定水平后，试验开发型投资对企业生产率的边际效应存在负向影响。从这个结果可以发现研究型投资的相对过度或试验开发型投资的相对过度都不利于企业生产率的增长，且试验开发型投资过度会对企业生产率增长产生负向边际影响，同时结合融资约束下不同外部资金渠道对企业异质性研发投资的影响效应以及两种异质性研发投资促进企业生产率增长影响的互补性，可以得到融资约束导致的企业异质性研发投资比例的失衡对企业生产率增长产生了负向影响。

6.2 创新点

本书的创新点主要从三个方面进行归纳，具体如下：

(1) 已有相关研究没有对不同类别研发投资异质性的内涵进行系统的界定，本书从融资特性和企业研发行为对生产率影响这两个层面系统地对研发投资异质性的内涵进行了界定。本书认为从研究型投资与试验开发型投资的融资特性来看，前者面临的融资约束程度比后者面临的融资约束程度更高，从二者对生产率的作用机制来看，研究型投资活动相比于试验开发型投资活动，其对企业整体创新活动的外溢效应更强，故二者对生产率增长的影响存在互补性。本书对研发投资异质性内涵的界定拓展了关于研发投资的相关研究，弥补了已有研究中忽略研发投资异质性的不足。

（2）已有的经济增长模型主要是从研发投资规模的视角解释研发投资对经济增长的影响，本书在阿洪等（Aghion et al.，2005，2010）模型中加入短期投资的流动性冲击问题，并在模型中考虑了两种类型研发投资融资特性的差异以及二者对生产率影响的互补性，从研发投资结构的视角解释了研发投资对经济增长的影响。本书理论研究认为两种类型研发投资融资特性的差异以及融资约束现实引起的经济参与人的资金配置行为会对企业研发投资结构产生影响，而由于两种类型研发投资对企业生产率影响的互补性，以上资金配置行为又会进一步影响企业生产率的增长。这一理论研究拓展了已有的熊彼特增长模型，弥补了该类模型主要考虑研发投资规模影响而忽略了因研发投资异质性引起的研发投资结构变化对经济增长影响的不足。

（3）已有相关实证研究基本集中于对融资约束下企业总研发投资的规模问题以及总研发投资与企业生产率的关系问题研究，并没有考虑研发投资的异质性，而本书在实证研究中考虑两种类型研发投资的异质性，采用两步分析法对问题进行了研究。本书实证研究使用了广义倾向得分匹配方法，消除了选择性偏误和内生性问题，研究认为融资约束导致的企业异质性研发投资比例的失衡对企业生产率增长产生了负向影响。这一实证研究拓展了融资约束、企业研发投资以及生产率的相关实证研究，弥补了已有相关研究中主要关注研发投资总量忽略研发投资异质性的不足。

6.3 政策建议

首先，当试验开发型投资水平较高时，中国企业试验开发型投资对生产率产生的负向影响显示了为什么中国企业庞大规模研发投资的产出效率较低、企业缺乏自主创新能力，这主要是由于企业对研究型投资的不足和对试验开发型投资的过度。本书的研究结果将是一个预警，尤其是对于在创新竞赛中处于追随者位置的国家。政策制定者不仅需要补贴企业的研发创新活动、促进企业研发规模的提高，还需要帮助企业构建完整的研发投资链条、促进企业研发投资内部形成合理的异质性研发投资比例关系。

其次，根据本书中估计的研发投资与企业生产率的剂量反应函数曲线和处理效应函数（又称边际效应函数）曲线以及两种异质性研发投资与企业生产率的剂量反应函数曲线和处理效应函数（又称边际效应函数）曲线，可以较为准确地认识研发投资以及两种异质性研发投资与企业生产率的关系，根据这些估计结果，政策制定者在对创新企业进行研发补贴时应该区别对待，对于研发投资强度较低的企业，应当主要关注对其研发创新活动进行补贴、促进企业研发规模的提高；对于研发投资强度较高的企业，应当主要关注对其企业研发投资内部异质性研发投资比例进行优化、鼓励该类企业构建完整的研发投资链条、扩大研究型投资规模占比。比如，通过支持和促进高校与企业的合作可以较大地改善知识转化水平，从而促进企业增加研究型投资规模。

再次，要构建企业完整的研发投资链条、促进企业研发投资内部形成合理的异质性研发投资比例关系，从而促进生产率提升和经济增长，仅仅依靠政府研发补贴政策的支持是远远不够的，根据本书融资约束下不同外部资金渠道对企业异质性研发投资影响机理和效应的研究结论，金融市场发展水平对企业研发资金在两种异质性研发投资间配置比例具有重要影响。解决中国企业研发投资内部两种异质性研发投资间配置比例失衡的根本措施不是简单地增加企业研发投资规模，而是建立怎样激励企业在不同研发投资阶段合理配备研发资金的市场条件和补偿机制。其核心是在微观层面实现金融部门服务实体经济的功能升级，由动员储蓄的基础功能发挥主导作用拓展到配置资本核心功能发挥主导作用，再进一步拓展到资产重组、公司治理、资源再配置、财富再分配、信息生产与分配、风险分散等衍生性功能发挥作用，实现由量性金融发展到质性金融发展的转变和功能升级，促进相应的金融机构、服务平台、运行机制的构建与完善，从而充分发挥金融资金在试验开发阶段对企业研发资金配置的相对功能优势。在金融部门服务实体经济功能提升的前提下，政府对企业的研发补贴需要考虑不同研发投资的异质性特征，其对企业研发投资的作用应该逐步由末端向前端移动，发挥政府资金支持企业研发投资的核心功能，即矫正市场失灵、补偿社会收益与私人收益的差异，从而促进企业研发投资的结构优化。

最后，由于高融资约束的中小规模、创业型企业创新动力和能力较强，对资金的利用效率也较高，而该类企业也正是受融资约束下不同资金渠道影响导致异质性研发投资比例效应较明显的企业。因此，微观上要做好科技信贷工作，尤其要为这类企业搭建良好的科技金融平台，解决该类企业融资难的问题，并通过税收和补贴政策重点扶持该类型的企业，引导这些创新能力和动力较强的企业形成完整的研发投资链条，确保中国企业创新活动的可持续性并取得前沿性、革命性成果。

6.4 展望

本书通过对外部资金渠道缓解企业研发融资约束以及研发投资与企业生产率关系相关理论研究的梳理，通过对研发投资异质性的概念定义，将研发投资的异质性加入本书研究中，分别从现象层面认识本书的研究问题，从数理模型的推导揭示问题的内在机理，并试图从实证角度验证理论模型假说。但由于在微观企业层面，只能获得上市公司研究型投资（包括基础研究投资和应用研究投资）与试验开发型投资细分的数据，没有对企业不同类型研发投资更为细分的数据，也没有更大更具普遍性的研究样本，因此，本书实证部分研究结论的普适性受到限制。在未来研究中，我们希望能够获取更为详细和样本数量更大的研究数据和研究样本，从而对研究进行改善。

本书中的融资约束下异质性研发投资对企业生产率影响机理的理论模型研究有待进一步深化。预计在未来研究中，会对模型进一步扩展，本书的研究解释了异质性研发投资如何对企业生产率产生影响，未来希望能够更为准确地测算出企业研发投资内部异质性研发投资比例失衡可能对企业生产率带来的效率损失。

参考文献

［1］安同良，周绍东，皮建才．R&D 补贴对中国企业自主创新的激励效应［J］．经济研究，2009（10）：87-99.

［2］白钦先，谭庆华．论金融功能演进与金融发展［J］．金融研究，2006（7）：41-52.

［3］蔡地，万迪昉．制度环境影响企业的研发投入吗？［J］．科学学与科学技术管理，2012，33（4）：121-128.

［4］蔡竞，董艳．银行业竞争与企业创新——来自中国工业企业的经验证据［J］．金融研究，2016（11）：96-111.

［5］成力为，戴小勇．研发投入分布特征与研发投资强度影响因素的分析——基于我国 30 万个工业企业面板数据［J］．中国软科学，2012（8）：152-165.

［6］程华，赵祥．企业规模、研发强度、资助强度与政府科技资助的绩效关系研究——基于浙江民营科技企业的实证研究［J］．科研管理，2008，29（2）：37-43.

［7］戴静，张建华．金融所有制歧视、所有制结构与创新产出——来自中国地区工业部门的证据［J］．金融研究，2013（5）：86-98.

［8］戴小勇，成力为．集团化经营方式与企业研发投资的配置效率［J］．改革，2012（12）：117-124.

［9］戴小勇，成力为．金融发展对企业融资约束与研发投资的影

响机理［J］. 研究与发展管理，2015，27（3）：25-33.

［10］范如国，蔡海霞 . FDI 技术溢出与中国企业创新产出［J］. 管理科学，2012（4）：13-21.

［11］傅晓霞，吴利学 . 技术差距、创新路径与经济赶超——基于后发国家的内生技术进步模型［J］. 经济研究，2013（6）：19-32.

［12］顾群，翟淑萍 . 融资约束、研发投资与资金来源——基于研发投资异质性的视角［J］. 科学学与科学技术管理，2014，35（3）：15-22.

［13］韩剑，严兵 . 中国企业为什么缺乏创造性破坏——基于融资约束的解释［J］. 南开管理评论，2013，16（4）：124-132.

［14］洪银兴 . 自主创新投入的动力和协调机制研究［J］. 中国工业经济，2010（8）：15-22.

［15］胡明勇，周寄中 . 政府资助对技术创新的作用：理论分析与政策工具选择［J］. 科研管理，2001，22（1）：30-36.

［16］黄俊，陈信元 . 集团化经营与企业研发投资——基于知识溢出与内部资本市场视角的分析［J］. 经济研究，2011（6）：80-92.

［17］江春，苏志伟 . 金融发展如何促进经济增长——一个文献综述［J］. 金融研究，2013（9）：110-122.

［18］江静 . 公共政策对企业创新支持的绩效——基于直接补贴与税收优惠的比较分析［J］. 科研管理，2011，32（4）：1-8.

［19］解维敏，方红星 . 金融发展、融资约束与企业研发投入［J］. 金融研究，2011（5）：171-183.

［20］解维敏，唐清泉，陆姗姗 . 政府 R&D 资助，企业 R&D 支出与自主创新——来自中国上市公司的经验证据［J］. 金融研究，2009（6）：86-99.

［21］鞠晓生 . 中国上市企业创新投资的融资来源与平滑机制［J］. 世界经济，2013（4）：138-159.

［22］李广子，刘力．债务融资成本与民营信贷歧视［J］．金融研究，2009（12）：137-150.

［23］李平，王春晖．政府科技资助对企业技术创新的非线性研究——基于中国2001—2008年省级面板数据的门槛回归分析［J］．中国软科学，2010（8）：138-147.

［24］刘仁伍，盛文军．商业信用是否补充了银行信用体系［J］．世界经济，2011（11）：103-120.

［25］刘小玄．中国转轨经济中的产权结构和市场结构——产业绩效水平的决定因素［J］．经济研究，2003（1）：21-29.

［26］卢峰，姚洋．金融压抑下的法治、金融发展和经济增长［J］．中国社会科学，2004（1）：42-55.

［27］鲁桐，党印．公司治理与技术创新：分行业比较［J］．经济研究，2014（6）：115-128.

［28］马光荣，刘明，杨恩艳．银行授信、信贷紧缩与企业研发［J］．金融研究，2014（7）：76-93.

［29］迈克尔·波特．竞争论［M］．北京：中信出版社，2003.

［30］钱雪松．融资约束、资产抵押与企业投资［J］．广东金融学院学报，2008（2）：91-97.

［31］邵挺．金融错配、所有制结构与资本回报率：来自1999~2007年我国工业企业的研究［J］．金融研究，2010（9）：51-68.

［32］沈军，白钦先．中国金融体系效率与金融规模［J］．数量经济与技术经济研究，2013（8）：35-50.

［33］孙杨，许承明，夏锐．研发资金投入渠道的差异对科技创新的影响分析——基于偏最小二乘法的实证研究［J］．金融研究，2009（9）：165-174.

［34］谭之博，赵岳．企业规模与融资来源的实证研究——基于小

企业银行融资抑制的视角［J］. 金融研究，2012（3）：166-179.

［35］唐清泉，巫岑 . 银行业结构与企业创新活动的融资约束［J］. 金融研究，2015（7）：116-134.

［36］唐清泉，肖海莲 . 融资约束与企业创新投资—现金流敏感性——基于企业 R&D 异质性视角［J］. 南方经济，2012（11）：40-54.

［37］王俊 . R&D 补贴对企业 R&D 投入及创新产出影响的实证研究［J］. 科学学研究，2010，28（9）：1368-1374.

［38］王彦超 . 融资约束、现金持有与过度投资［J］. 金融研究，2009（7）：121-133.

［39］温军，冯根福，刘志勇 . 异质债务、企业规模与 R&D 投入［J］. 金融研究，2011（1）：167-181.

［40］吴延兵 . 国有企业双重效率损失研究［J］. 经济研究，2012（3）：15-27.

［41］吴延兵 . 企业规模、市场力量与创新：一个文献综述［J］. 经济研究，2007（5）：125-138.

［42］吴延兵 . 中国地区工业知识生产效率测算［J］. 财经研究，2008，34（10）：4-14.

［43］夏冠军，陆根尧 . 资本市场促进了高新技术企业研发投入吗——基于中国上市公司动态面板数据的证据［J］. 科学学研究，2012，30（9）：1370-1377.

［44］许治，师萍 . 政府科技投入对企业 R & D 支出影响的实证分析［J］. 研究与发展管理，2005，17（3）：22-26.

［45］杨洋，魏江，罗来军 . 谁在利用政府补贴进行创新？——所有制和要素市场扭曲的联合调节效应［J］. 管理世界，2015（1）：75-86.

［46］张峰，邱玮 . 探索式和开发式市场创新的作用机理及其平衡

[J]. 管理科学，2013（1）：1-13.

[47] 张建宇，蔡双立. 探索性创新与开发性创新的协调路径及其对绩效的影响 [J]. 科学学与科学技术管理，2012，33（5）：64-70.

[48] 张杰，刘元春，翟福昕，等. 银行歧视、商业信用与企业发展 [J]. 世界经济，2013（9）：94-126.

[49] 张杰，芦哲，郑文平，等. 融资约束、融资渠道与企业 R&D 投入 [J]. 世界经济，2012（10）：66-90.

[50] 张杰. 市场化与金融控制的两难困局：解读新一轮国有银行改革的绩效 [J]. 管理世界，2008（11）：13-31.

[51] 张军，吴桂英，张吉鹏. 中国省际物质资本存量估算：1952—2000 [J]. 经济研究，2004（10）：35-44.

[52] 赵志耘，杨朝峰. 中国全要素生产率的测算与解释：1979—2009 年 [J]. 财经问题研究，2011（9）：3-12.

[53] 朱平芳，徐伟民. 政府的科技激励政策对大中型工业企业 R&D 投入及其专利产出的影响——上海市的实证研究 [J]. 经济研究，2003（6）：45-53.

[54] ABRAMOVITZ M. Resource and output trends in the US since 1870 [J]. American Economic Review，1956，46（2）：5-23.

[55] AGHION P，Angeletos G，Banerjee A，et al. Volatility and growth：credit constraints and the composition of investment [J]. Journal of Monetary Economics，2010，57（3）：246-265.

[56] AGHION P，Banerjee A V，Angeletos G，et al. Volatility and growth：credit constraints and productivity-enhancing investment [J]. NBER Working Paper No，11349. 2005.

[57] AGHION P，Howitt P. A model of growth through creative destruction [J]. Econometrica，1992（60）：323-351.

[58] AKERLOF G A. The market for "Lemons": quality uncertainty and the market mechanism [J]. Quarterly Journal of Economics, 1970, 84 (3): 488-500.

[59] ALMUS M, Czarnitzki D. The effects of public R&D subsidies on firms'innovation activities: the case of Eastern Germany [J]. Journal of Business and Economic Statistics, 2003, 21 (2): 226-236.

[60] AMORE M D, Schneider C, Žaldokas A. Credit supply and corporate innovation [J]. Journal of Financial Economics, 2013 (109): 835-855.

[61] ARROW K. Economic welfare and the allocation of resources for invention//The rate and direction of inventive activity: economic and social factors [M]. Princeton: Princeton University Press, 1962: 609-626.

[62] BECKER S O, Ichino A. Estimation of average treatment effects based on propensity scores [J]. Stata Journal, 2002, 2 (4): 358-377.

[63] BEISE M, Stahl H. Public research and industrial innovations in Germany [J]. Research Policy, 1999, 28 (4): 397-422.

[64] BENFRATELLO L, Schiantarelli F, Sembenelli A. Banks and innovation: Microeconometric evidence on Italian firms [J]. Journal of Financial Economics, 2008, 90 (2): 197-217.

[65] BERGER A N, Udell G F. The economics of small business finance: the roles of private equity and debt markets in the financial growth cycle [J]. Journal of Banking & Finance, 1998, 22 (6): 613-673.

[66] BERNANKE B, Gertler M. Agency costs, net worth, and business fluctuations [J]. American Economic Review, 1989, 79 (1): 14-31.

[67] BERNANKE B, Gertler M. Financial fragility and economic performance [J]. Quarterly Journal of Economics, 1990, 105 (1): 87-114.

[68] BIESEBROECK J V. Exporting raises productivity in sub-Saharan African manufacturing firms [J]. Journal of International Economics, 2005,

67 (2): 373-391.

[69] BINELLI C, Maffioli A. A micro-econometric analysis of public support to private R&D in Argentina [J]. International Review of Applied Economics, 2007, 21 (3): 339-359.

[70] BLACKBURN K, Hung V T Y. A theory of growth, financial development and trade [J]. Economica, 1998, 65 (257): 107-124.

[71] BOHNSTEDT A, Schwarz C, Suedekum J. Globalization and strategic research investments [J]. Research Policy, 2012, 41 (1): 13-23.

[72] BOTTAZZI G, Dosi G, Lippi M, et al. Innovation and corporate growth in the evolution of the drug industry [J]. International Journal of Industrial Organization, 2001, 19 (7): 1161-1187.

[73] BROWN J R, Fazzari S M, Petersen B C. Financing innovation and growth: cash flow, external equity, and the 1990s R&D boom [J]. The Journal of Finance, 2009, 64 (1): 151-185.

[74] BROWN J R, Martinsson G, Petersen B C. Do financing constraints matter for R&D? [J]. European Economic Review, 2012, 56 (8): 1512-1529.

[75] CALDERINI M, Garrone P. Liberalisation, industry turmoil and the balance of R&D [J]. Information Economics and Policy, 2001, 13 (2): 199-230.

[76] CARLIN W, Mayer C. Finance, investment, and growth [J]. Journal of Financial Economics. 2003: 69 (1): 191-226.

[77] CATOZZELLA A, Vivarelli M. Beyond additionality: are innovation subsidies counterproductive? [J]. Social Science Electronic Publishing, 2011.

[78] CHANG S, Chung C, Mahmood I P. When and how does business

group affiliation promote firm innovation? a tale of two emerging Economies [J]. Organization Science, 2006, 17 (5): 637-656.

[79] CHAVA S, Oettl A, Subramanian A, et al. Banking deregulation and innovation [J]. Journal of Financial Economics, 2013, 109 (3): 759-774.

[80] CINCERA M. Patents, R&D, and technological spillovers at the firm level: some evidence from econometric count models for panel data [J]. Journal of Applied Econometrics, 1997, 12 (3): 265-280.

[81] CLAESSENS S, Laeven L. Financial development, property rights, and growth [J]. The Journal of Finance, 2003, 58 (6): 2401-2436.

[82] COHEN W M, Levinthal D A. Innovation and learning: the two faces of R & D [J]. Economic Journal, 1989, 99 (397): 569-596.

[83] COMIN D. R&D: a small contribution to productivity growth [J]. Journal of Economic Growth, 2004, 9 (4): 391-421.

[84] COMIN D. Total factor productivity//Economic Growth [M]. London: Palgrave Macmillan UK, 2010: 260-263.

[85] CORIAT B, Weinstein O. Organizations, firms and institutions in the generation of innovation [J]. Research Policy. 2002, 31 (2): 273-290.

[86] CUNEO P, Mairesse J. Productivity and R&D at the firm level in french manufacturing [J]. nber Working Papers, 1983.

[87] CZARNITZKI D, Hottenrott H, Thorwarth S. Industrial research versus development investment: the implications of financial constraints [J]. Cambridge Journal of Economics, 2011, 35 (3): 527-544.

[88] CZARNITZKI D, Hottenrott H. Financial constraints: routine versus cutting edge R&D investment [J]. Journal of Economics & Management Strategy, 2011, 20 (1): 121-157.

[89] CZARNITZKI D, Kraft K, Thorwarth S. The knowledge production

of ‘R’ and ‘D’ [J]. Economics Letters, 2009, 105 (1): 141-143.

[90] CZARNITZKI D, Licht G. Additionality of public R&D grants in a transition economy: the case of Eastern Germany [J]. Economics of Transition, 2006, 14 (1): 101-131.

[91] DAVID P A, Hall B H, Toole A A. Is public R&D a complement or substitute for private R&D? A review of the econometric evidence [J]. Research Policy, 2000, 29 (4): 497-529.

[92] DEMIRG ÜÇ-Kunt A, Maksimovic V. Funding growth in bank-based and market-based financial systems: evidence from firm-level data [J]. Journal of Financial Economics. 2002: 65 (3): 337-363.

[93] DINOPOULOS E, Thompson P. Schumpeterian growth without scale effects [J]. Journal of Economic Growth, 1998, 3 (4): 313-335.

[94] DOH S, Kim B. Government support for SME innovations in the regional industries: the case of government financial support program in South Korea [J]. Research Policy, 2014, 43 (9): 1557-1569.

[95] DORASZELSKI U, Jaumandreu J. R&D and productivity: estimating endogenous productivity [J]. Review of Economic Studies, 2013, 80 (4): 1338-1383.

[96] DYER J H, Singh H. The relational view: cooperative strategy and sources ofinterorganizational competitive advantage [J]. Academy of Management Review, 1998, 23 (4): 660-679.

[97] ENNEW C T, Binks M R. The provision of finance to small firms: does the banking relationship constrain performance? [J]. Journal of Entrepreneurial Finance, 1995, 4 (1): 57.

[98] FABRIZIO K R. Absorptive capacity and the search for innovation [J]. Research Policy, 2009, 38 (2): 255-267.

[99] FAZZARI S M, Hubbard R G, Petersen B C, et al. Financing constraints and corporate investment [J]. Brookings Papers on Economic Activity, 1988 (1): 141-206.

[100] FELDMAN M P, Kelley M R. The ex ante assessment of knowledge spillovers: government R&D policy, economic incentives and private firm behavior [J]. Research Policy, 2006, 35 (10): 1509-1521.

[101] FRANCIS J, Smith A. Agency costs and innovation: some empirical evidence [J]. Journal of Accounting and Economics, 1995, 19 (2-3): 383-409.

[102] FREEMAN C, Soete L. The economics of industrial innovation [M]. Cambridge: MIT Press Books 1, 1997.

[103] FUNK M. Basic research and international spillovers [J]. International Review of Applied Economics, 2002, 16 (2): 217-226.

[104] FURMAN J L, Porter M E, Stern S. The determinants of national innovative capacity [J]. Research Policy, 2002, 31 (6): 899-933.

[105] GEROSKI P A. An applied econometrician's view of large company performance [J]. Review of Industrial Organization, 1998, 13 (3): 271-293.

[106] GHAFELE R, GIBERT B. Promoting intellectual property monetization in developing countries: a review of issues and strategies to support knowledge-driven growth [J]. World Bank Policy Research Working Paper No. 6143, Washington, DC, 2012.

[107] GILLES S. Technological choice, financial markets and economic development [J]. European Economic Review, 1992, 36 (4): 763-781.

[108] GÖRG H, Strobl E. The effect of R&D subsidies on private R&D [J]. Economica, 2007, 74 (294): 215-234.

[109] GONZÁLEZ X, Jaumandreu J. Threshold effects in product R&D

decisions: theoretical framework and empirical analysis [J]. Working Paper, 1998.

[110] GREENWALD B, Stiglitz J E, Weiss A. Informational imperfections in the capital market and macroeconomic fluctuations [J]. American Economic Review, 1984, 74 (2): 194-199.

[111] GREENWOOD J, Jovanovic B. Financial development, growth, and the distribution of income [J]. Journal of Political Economy, 1990, 95 (8): 1076-1107.

[112] GRILICHES Z, Jorgenson D W. Sources of measured productivity change: capital input [J]. American Economic Review, 1966, 56 (1/2): 50-61.

[113] GRILICHES Z, Mairesse J. Comparing productivity growth: an exploration of French and U. S. industrial and firm data [J]. European Economic Review, 1983, 21 (1-2): 89-119.

[114] GRILICHES Z, Mairesse J. Productivity and R&D at the firm level [R]. Chicago: National Bureau of Economic Research, Inc. , 1984.

[115] GRILICHES Z, Mairesse J. R&D and productivity growth: comparing Japanese and US manufacturing firms//Productivity growth in Japan and the United States [M]. Chicago: University of Chicago Press, 1991: 317-348.

[116] GRILICHES Z. Issues in assessing the contribution of research and development to productivity growth [J]. Bell Journal of Economics, 1979, 10 (1): 92-116.

[117] GRILICHES Z. Productivity puzzles and R & D: another nonexplanation [J]. Journal of Economic Perspectives. 1988, 2 (4): 9-21.

[118] GRILICHES Z. Productivity, R and D, & basic research at the

firm level in the 1970's [J]. American Economic Review, 1986, 76 (1): 141-154.

[119] GRILICHES Z. Research costs and social returns: hybrid corn and related innovations [J]. Journal of Political Economy, 1958, 66 (5): 419-431.

[120] GRILICHES Z. Research expenditures and growth accounting// Science and technology in economic growth [M]. London: Palgrave Macmillan UK, 1973: 59-95.

[121] GROSSMAN G M, Helpman E. Quality ladders and product cycles [J]. Quarterly Journal of Economics, 1991, 106 (2): 557-586.

[122] GUARIGLIA A, Poncet S. Could financial distortions be no impediment to economic growth after all? Evidence from China [J]. Journal of Comparative Economics, 2008, 36 (4): 633-657.

[123] H K, T I. R&D and productivity growth in Japanese manufacturing firms [J]. ESRI Discussion Paper Series, 2003 (44) .

[124] HALL B H, Lerner J. Chapter 14-The financing of R&D and innovation [M]. Handbook of the Economics of Innovation, 2010: 609-639.

[125] HALL B H, Mairesse J. Exploring the relationship between R&D and productivity in French manufacturing firms [J]. Journal of Econometrics, 1995, 65 (1): 263-293.

[126] HALL B H. Investment and research and development at the firm level: does the source of financing matter? [J]. NBER Working Paper No. 1992.

[127] HALL B H. The financing of research and development [J]. Oxford Review of Economic Policy, 2002, 18 (1): 35-51.

[128] HARHOFF D. R&D and productivity in German manufacturing

firms [J]. Economics of Innovation and New Technology, 1998, 6 (1): 29-50.

[129] HASAN I, Wachtel P, Zhou M. Institutional development, financial deepening and economic growth: evidence from China [J]. Journal of Banking & Finance, 2009, 33 (1): 157-170.

[130] HE Z, Wong P. Exploration vs. Exploitation: an empirical test of the ambidexterity hypothesis [J]. Organization Science, 2004, 15 (4): 481-494.

[131] HENARD D H, Mcfadyen M A. The complementary roles of applied and basic research: a knowledge-based perspective [J]. Journal of Product Innovation Management, 2005, 22 (6): 503-514.

[132] HENARD D H, Mcfadyen M A. The complementary roles of applied and basic research: a knowledge-based perspective [J]. Journal of Product Innovation Management, 2005, 22 (6): 503-514.

[133] HENRY P B. Do stock marketliberalizations cause investment booms? [J]. Journal of Financial Economics. 2000: 58 (1-2): 301-334.

[134] HIRANO K, Imbens G W. The propensity score with continuous treatments [J]. Applied Bayesian modeling and Causal Inference From Incomplete-Data Perspectives, 2004 (226164): 73-84.

[135] HOLLAND P W. Statistics and causal inference [J]. Journal of the American Statistical Association, 1986, 81 (396): 945-960.

[136] HOLMSTROM B. Agency costs and innovation [J]. Journal of Economic Behavior & Organization, 1989, 12 (3): 305-327.

[137] HOSHI T, Kashyap A, Scharfstein D. Corporate structure, liquidity, and investment: evidence from japanese industrial groups [J]. Quarterly Journal of Economics, 1991, 106 (1): 33-60.

[138] HOWITT P. Steady endogenous growth with population and R&D inputs growing [J]. Journal of Political Economy, 1999, 107 (4): 715-730.

[139] HU A G Z, Jefferson G H, Jinchang Q. R&D and technology transfer: firm - level evidence from Chinese industry [J]. Review of Economics and Statistics, 2005, 87 (4): 780-786.

[140] HU A G Z. Ownership, government R&D, private R&D, and productivity in Chinese industry [J]. Journal of Comparative Economics, 2001, 29 (1): 136-157.

[141] IMBENS G W. The role of the propensity score in estimating dose-response functions [J]. Biometrika, 2000, 87 (3): 706-710.

[142] JAFFEE D M, Russell T. Imperfect information, uncertainty, and credit rationing [J]. Quarterly Journal of Economics, 1976, 90 (4): 651-666.

[143] JEFFERSON G H, Huamao B, Jing G X, et al. R & D performance in Chinese industry [J]. Economics of Innovation & New Technology, 2006, 15 (4-5): 345-366.

[144] JEFFERSON G, Huamao B, Xiaojing G, et al. R&D performance in Chinese industry [J]. Economics of Innovation and New Technology, 2006, 15 (4-5): 345-366.

[145] JENSEN M C, Meckling W H. Theory of the firm: managerial behavior, agency costs and ownership structure [J]. Journal of Financial Economics, 1976, 3 (4): 305-360.

[146] JONES C I, Williams J C. Too much of a good thing? The economics of investment in R&D [J]. Journal of Economic Growth, 2000, 5 (1): 65-85.

[147] JONES C I. R & D-based models of economic growth [J]. Jour-

nal of Political Economy, 1995a, 103 (4): 759-784.

[148] JONES C I. Time series tests of endogenous growth models [J]. Quarterly Journal of Economics, 1995b, 110 (2): 495-525.

[149] KAMIEN M I, Schwartz N L. Self-financing of an R & D project [J]. American Economic Review, 1978, 68 (3): 252-261.

[150] KANCS D A, Siliverstovs B. R&D and non-linear productivity growth [J]. Research Policy, 2016, 45 (3): 634-646.

[151] KEMFERT C. Estimated substitution elasticities of a nested CES production function approach for Germany [J]. Energy Economics, 1998, 20 (3): 249-264.

[152] KING R G, Levine R. Finance, entrepreneurship and growth: theory and evidence [J]. Journal of Monetary Economics, 1993, 32 (3): 513-542.

[153] KLEER R. Government R&D subsidies as a signal for private investors [J]. Research Policy, 2010, 39 (10): 1361-1374.

[154] KLETTE T J, Møen J, Griliches Z. Do subsidies to commercial R&D reduce market failures? microeconometric evaluation studies [J]. Research Policy, 2000, 29 (4-5): 471-495.

[155] KORTUM S S. Research, patenting, and technological change [J]. Econometrica, 1997, 65 (6): 1389-1419.

[156] LACH S, Schankerman M. Dynamics of R&D and investment in the scientific sector [J]. Journal of Political Economy, 1989, 97 (4): 880-904.

[157] LACH S. Do R&D subsidies stimulate or displace private R&D? evidence from Israel [J]. Journal of Industrial Economics, 2002, 50 (4): 369-390.

[158] LANE P J, Lubatkin M. Relative absorptive capacity and inter-organizational learning [J]. Strategic Management Journal, 1998, 19 (5): 461-477.

[159] LEE C. The differential effects of public R&D support on firm R&D: theory and evidence from multi-country data [J]. Technovation, 2011, 31 (5): 256-269.

[160] LELAND H E, Pyle D H. Informational asymmetries, financial structure, and financial intermediation [J]. Journal of Finance, 1977 (32): 371-387.

[161] LERNER J. The government as venture capitalist: the long-run impact of the SBIR program [J]. Journal of Private Equity, 2000, 3 (2): 55-78.

[162] LERNER J. When bureaucrats meet entrepreneurs: the design of effective public venture capital programmes [J]. Economic Journal, 2002, 112 (477): F73-F84.

[163] LEVINE R. Stock markets, growth, and tax policy [J]. Journal of Finance, 1991, 46 (4): 1445-1465.

[164] LEVY D M, Terleckyj N E. Effects of government R&D on private R&D investment and productivity: a macroeconomic analysis [J]. Bell Journal of Economics, 1983, 14 (2): 551-561.

[165] LINK A N. Basic research and productivity increase in manufacturing: additional evidence [J]. American Economic Review, 1981, 71 (5): 1111-1112.

[166] LONG W F, Ravenscraft D J. LBOs, debt and R&D intensity [J]. Strategic Management Journal, 1993, 14 (S1): 119-135.

[167] LUCAS R E. On the mechanisms of economic development [J].

Journal of Monetary Economics, 1988, 22 (1): 3-42.

[168] MAIRESSE J, Sassenou M. R&D and productivity: a survey of econometric studies at the firm level [J]. NBER Working Paper No. w3666, 1991.

[169] MANSFIELD E, Rapoport J, Schnee J, et al. Research and innovation in the modern corporation [M]. New York: W. W. Norton & Company, Inc., 1971.

[170] MANSFIELD E. Basic research and productivity increase in manufacturing [J]. American Economic Review, 1980, 70 (5): 863-873.

[171] MEULEMAN M, De Maeseneire W. Do R&D subsidies affect SMEs' access to external financing? [J]. Research Policy, 2012, 41 (3): 580-591.

[172] MYERS S C, Majluf N S. Corporate financing and investment decisions when firms have information that investors do not have [J]. Journal of Financial Economics, 1984, 13 (2): 187-221.

[173] MYERS S C, Majluf N S. Corporate financing and investment decisions when firms have information that investors do not have [J]. Journal of Financial Economics, 1984, 13 (2): 187-221.

[174] NELSON R R. The simple economics of basic scientific research [J]. Journal of Political Economy, 1959, 67 (3): 297-306.

[175] OECD. Frascati manual 2002: proposed standard practice for surveys on research and experimental development [M]. Paris: OECD Publishing, 2002.

[176] OLLEY G S, Pakes A. The dynamics of productivity in the telecommunications equipment industry [J]. Econometrica, 1996, 64 (6): 1263-1297.

[177] OPLER T C, Titman S. Financial distress and corporate perform-

ance [J]. The Journal of Finance, 1994, 49 (3): 1015-1040.

[178] PARK W G. A theoretical model of government research and growth [J]. Journal of Economic Behavior & Organization, 1998, 34 (1): 69-85.

[179] PERETTO P F. Technological change and population growth [J]. Journal of Economic Growth, 1998, 3 (4): 283-311.

[180] RAJAN R G. The past and future of commercial banking viewed through an incomplete contract lens [J]. Journal of Money, Credit and Banking. 1998, 30 (3): 524-550.

[181] REIS A B, Sequeira T N. Human capital and over-investment in R&D [J]. Scandinavian Journal of Economics, 2007, 109 (3): 573-591.

[182] ROMER P M. Endogenous technological change [J]. Journal of Political Economy, 1990, 98 (5): S71-S102.

[183] ROSENBERG N. Why do firms do basic research (with their own money)? [J]. Research Policy, 1990, 19 (2): 165-174.

[184] SALTER A J, Martin B R. The economic benefits of publicly funded basic research: a critical review [J]. Research Policy, 2001, 30 (3): 509-532.

[185] SANTAMARÍA L, Barge-Gil A, Modrego A. Public selection and financing of R&D cooperative projects: credit versus subsidy funding [J]. Research Policy, 2010, 39 (4): 549-563.

[186] SCHERER F M. Firm size, market structure, opportunity, and the output of patented inventions [J]. American Economic Review, 1965, 55 (5): 1097-1125.

[187] SEGERSTROM P S. Endogenous growth without scale effect [J]. American Economic Review, 1998, 88 (5): 1290-1310.

[188] SEGERSTROM P S. The long-run growth effects of R&D subsi-

dies [J]. Journal of Economic Growth, 2000, 5 (3): 277-305.

[189] SOLOW R M. A contribution to the theory of economic growth [J]. Quarterly Journal of Economics, 1956, 70 (1): 65-94.

[190] SOLOW R M. Technical change and the aggregate production function [J]. Review of Economics and Statistics, 1957, 39 (3): 312-320.

[191] SPENCE M. Cost reduction, competition, and industry performance [J]. Econometrica, 1984, 52 (1): 101-122.

[192] STEIN J C. Internal capital markets and the competition for corporate resources [J]. The Journal of Finance, 1997, 52 (1): 111-133.

[193] STIGLITZ J E, Weiss A. Credit rationing in markets with imperfect information [J]. American Economic Review, 1981, 71 (3): 393-410.

[194] STOREY D J, Tether B S. New technology-based firms in the European Union: an introduction [J]. Research Policy, 1998, 26 (9): 933-946.

[195] SUN X, Wang Y, Li M. The influences of different R&D types on productivity growth in OECD countries [J]. Technology Analysis & Strategic Management, 2016, 28 (6): 651-663.

[196] TAKALO T, Tanayama T. Adverse selection and financing of innovation: is there a need for R&D subsidies? [J]. Journal of Technology Transfer, 2010, 35 (1): 16-41.

[197] TERLECKYJ N E. Effects of R&D on the productivity growth of industries: an exploratory study [M]. Washington: National Planning Association, 1974.

[198] TOIVANEN O, Niininen P. Investment, R&D, subsidies, and credit constraints [R]. Helsinki, 2000.

[199] VERSPAGEN B. R&D and productivity: a broad cross-section

cross-country look [J]. Journal of Productivity Analysis, 1995, 6 (2): 117-135.

[200] WALLSTEN S J. The effects of government-industry R&D programs on private R&D: the case of the small business innovation research program. [J]. RAND Journal of Economics, 2000, 31 (1): 82-100.

[201] YOUNG A. Growth without scale effects [J]. Journal of Political Economy, 1998, 106 (1): 41-63.

[202] ZHANG R, Sun K, Delgado M S, et al. Productivity in China's high technology industry: regional heterogeneity and R&D [J]. Technological Forecasting and Social Change, 2012, 79 (1): 127-141.

后　记

本书是基于我博士学位论文的写作框架和章节内容，进一步完善而成的。在本书出版之际，我首先要感谢我的硕士、博士的指导老师成力为教授，在您的团队中工作，我不仅接受了严格的科研训练，学到了很多做科研的方法，还有机会接触社会、学到很多的人生和社会经验，您每一次严格要求的背后都是对我们成长的进一步促进，非常感谢您不厌其烦地纠正我们在做科研过程中的每一个缺陷和失误，这一切都成为我不断修行和前行的动力。

感谢山东工商学院所有领导、同事的关心和帮助。感谢在我过去的学习和科研过程中给我提供过帮助和指导的老师们。在课堂上、在学术活动中、在讲座中，你们讲授的知识、给予的建议、有启发性的想法和视角，是我在科研道路上的基础和指路明灯。

感谢中国经济出版社的支持。张博编辑为本书的出版付出了艰辛的劳动，他的热情、细心和善意，让我铭记于心。

感谢我的父母和家人，是你们为我提供了安逸的学习环境，让我能够按自己的想法去选择自己的道路和生活方式，你们一次次在电话中的鼓励和支持让我完全没有后顾之忧。

感谢在工作学习期间遇到的所有对我提供过帮助和指导的人，在未来我将会继续努力，以回报各位，回报母校和祖国。

郭囡囡

2020 年 4 月 10 日